KLEINER FÜHRER LOFERER UND LEOGANGER STEINBERGE

TONI DÜRNBERGER

Kleiner Führer

Loferer

und

Leoganger Steinberge

mit

Saalachtal

Talorte, Talschaftswanderungen, Hütten, Übergänge, Gipfel

Mit 33 Bildern und einer siebenfarbigen Beilagenkarte 1:50 000, Panoramen auf der Kartenrückseite

BERGVERLAG RUDOLF ROTHER GMBH · MÜNCHEN

Umschlagbild:

Blick vom Baumgartenköpfl
gegen Reiter, Loferer und Leoganger Steinberge (von links)
Farbfoto: Sepp Brandl

Bild gegenüber Titelseite:

Am frühen Morgen von der Schmidt-Zabierow-Hütte, R 156;
im Tal verziehen sich die Nebel — auf geht's.
Foto: Willi End

Der Text aller in diesem Führer beschriebenen Touren wurde nach bestem Wissen und Gewissen des Autors ausgearbeitet. Autor und Verlag können jedoch keine Haftung für die Richtigkeit der Angaben übernehmen.

Alle Rechte vorbehalten
1. Auflage 1980
ISBN 3 7633 3236-7
Hergestellt in den Werkstätten
der Rudolf Rother GmbH, München
(2017/00 544)

Vorwort

Die Bergverlag Rudolf Rother GmbH hat es in dankenswerter Weise ermöglicht, einen kleinen Führer über einen weniger bekannten Teil einer Landschaft in den Salzburger Kalkalpen aufzulegen. Das ist um so bemerkenswerter, weil man einen geschäftlichen Erfolg damit kaum erzielen kann.

Meine besondere Freude gilt daher, den Menschen zu danken, die wie ich meiner Heimat zugetan sind.

Jene, die den Führer erwerben, soll er begleiten und ihnen bei der Auswahl ihrer Wege helfen. Er soll sie einführen in eine Landschaft, die ihre Herbheit erhalten hat, deren Täler von wildromantischen Bergflüssen durchflossen werden, die eng eingeschnürt munter sprudelnd den weiten Ebenen zuströmen, bis sie schwer atmend und träge dahinfließend die Tiefebenen erreichen. Er soll ihnen die Wahl der Anstiege durch dunkle Waldzonen bis in die lichten Regionen der Kalkburgen hoch über den Tälern erleichtern. Aber auch jenen, die die Schönheit der Täler und der Ortschaften mit dem Kontakt zur einheimischen Bevölkerung suchen, den Einblick in die Sagenwelt bis zu den Zeugen der Kultur, soll er die ersten Schritte ermöglichen.

Dieser Führer will nicht so vollkommen sein, daß eigener Taten- und Forschungsdrang ausgeschlossen ist. Im Gegenteil, dem Streben nach beschaulicher Waldeinsamkeit, dem Messen von Kräften auf den tosenden Wassern der Bergflüsse oder dem Streben nach lichten Höhen durch dunkle Waldzonen hinauf über warme graue Kalkfelsen in schwindelnde Gipfelnähe sind keine Grenzen gesetzt.

Bewußt wurden im Führer einige, noch wenig bekannte Schönheiten der Landschaft unberührt belassen, der wahre Kenner und Freund der Landschaft kennt das Geheimnis, Ort und Zeit so zu wählen, daß eine neue Dimension entsteht — die völlige Harmonie in der Zeit — Raum und Mensch eine Einheit. Wer in dieser Harmonie das Tal erschaut, wird meine Meinung teilen: Ein schönes Fleckchen Erde — Heimat.

Lofer, München im Oktober 1980   Toni Dürnberger

Mein Dank gebührt besonders:

Herrn Rudolf Rother, Herrn Sepp Brandl, Herrn Willi End, Frau Kühnel, Theresia und Otto Dürnberger, den Verkehrsvereinen und Gemeindeämtern der beschriebenen Gemeinden.

Inhaltsverzeichnis

(Die Zahlen hinter den Namen von Kapitel B, C und D sind die Randzahlen)

A. Einführender Teil

1. Einführung in die Landschaft 11
2. Lage und Begrenzungen 13
3. Verkehrswege 14
4. Bevölkerung 14
5. Klimatische Bedingungen 16
6. Geologie 17
7. Pflanzen- und Tierwelt 18
8. Schrifttum und Karten 18
9. Hinweise und Ratschläge 19
10. Schwierigkeitsbewertung 20
11. Bergrettung
    a) Alpines Notsignal 21
    b) Bergrettungsstationen 21
12. Abkürzungsverzeichnis 21

B. Täler, Talorte und Wanderungen von den Talorten

1. Saalachtal 1 22
   Steinpaß 2, Unken 3, Reith 21, Lofer 25, St. Martin 49,
   Weißbach 61, Saalfelden 72, Maria Alm 80
2. Strubtal 90 59
   Waidring 91
3. Pillerseetal 101 67
   St. Jakob im Haus 102, St. Ulrich am Pillersee 110
4. Leoganger Tal 118 73
   Leogang 119, Hochfilzen 129
5. Wiesenseetal 136 81
6. Fieberbrunner Tal 137 81
   St. Johann in Tirol 138, Fieberbrunn 147
7. Schüttachgraben 155 91

C. Bergfahrten in den Loferer Steinbergen

I. Gliederung der Gruppe.............................. 92
II. Hütten und Hüttenwege 94
   Schmidt-Zabierow-Hütte 156
III. Übergänge, Höhenwege und Einschnitte im Kammverlauf . 99
IV. Gipfel und Gipfelwege 100
   Großes Reifhorn 205, Nördl. Reifhorn 207, Skihörndl 209,
   Großes Ochsenhorn 211, Breithorn 213, Gr. Hinterhorn 215, Ulrichshorn 217

D. Bergfahrten in den Leoganger Steinbergen

I. Gliederung der Gruppe.............................. 116
II. Hütten und Hüttenwege 116
   Passauer Hütte 301
III. Übergänge, Höhenwege und Einschnitte im Kammverlauf . 121
IV. Gipfel und Gipfelwege 128
   Birnhorn 381, Kuchelhorn 364, Melkerloch 366,
   Hochzint 367, Gr. Rothorn 369, Grießener Hochbrett 371

Alpine Auskunft der Alpenvereine...................... 132

Randzahlenregister 133

Bergrettungsdienst

Fieberbrunn	0 53 54 / 581
Hochfilzen	0 53 59 / 218
Leogang	0 65 83 / 303
Lofer	0 62 48 / 273
Saalfelden	0 65 82 / 2 89 05
Unken	0 62 49 / 335
Waidring	0 53 53 / 204

Bilderverzeichnis

	Seite
Blick von der Schmidt-Zabierow-Hütte auf das Tal von Lofer	2
Pestsäule am Weg nach Lofer	10
Flußlandschaft der Saalache am Teufelssteg bei Lofer	23
Bachlandschaft im Heutal bei Unken	25
Staubbach-Wasserfall im Heutal bei Unken	28
Marienbild am Findlingstein, Hochkreuz bei Lofer	34
Antoniuskirche in Au bei Lofer	36
Wallfahrtsort Maria Kirchental mit Hocheisgruppe	39
St. Martin bei Lofer	42
Marienaltar im Wallfahrtsort Maria Kirchental bei St. Martin	45
Weißbach bei Lofer mit Großem Ochsenhorn	49
Pinzgauer Totenläden im Weißbach-Hintertal	51
Saalfelden am Steinernen Meer	53
Einsiedelei	57
Tiroler Bauernhof im Blumenschmuck, Waidring in Tirol	61
Türkenmadonna von Waidring in Tirol	62
Baldachinaltar in Waidring	65
Pillersee mit St. Ullrich	69
Allein im tosenden Wasser der Saalach	72
Melkerloch in den Leoganger Steinbergen	75
Dorfplatz von Hochfilzen am Grießenpaß	79
Bergsee am Wildseeloder mit Schutzhaus	89
Hüttenanstieg von Lofer durch das Loferer Hochtal	95
Auf dem Weg zur Schmidt-Zabierow-Hütte, im Hintergrund der Rauchenberg und das Massiv der Reiter Steinberge	97
Gipfelkamm des Nurracher Höhenweges	100/101
Nurracher Höhenweg. Abstieg vom Hinterhorn in Richtung St. Ulrich	105
Blick vom Lauffeld — Loferer Alm zu den Loferer Steinbergen	109
Blick vom Weg zum Reifhorn auf das östliche Reifhorn	111
Blick vom Weg zum Breithorn auf das Ochsenhorn	113

Lofer mit den Loferer Steinbergen 114
Blick vom Dorfplatz Leogang
zu den Südabstürzen der Leoganger Steinberge 118/119
Blick vom Hofersteig aufs Birnhorn zum Mitterhorn 129
Blick vom Kuchelboden nach Norden....................... 131

Bildnachweis

(Die Zahl hinter dem Namen ist die Seitenzahl)

Brandl 37, 42, 49, 53, 69, 79, 95, 100/101, 113, 118/119; End 2, 39, 97, 109, 111, 114, 129, 131; Steinbichler 69.
Alle übrigen Aufnahmen stammen vom Verfasser.

Aus der Lehrschriftenreihe
des Österreichischen Alpenvereins

Dr. E. Jenny
Retter im Gebirge
Alpinmedizinisches Handbuch
Herausgegeben vom Österreichischen Alpenverein
Bau und Lebensvorgänge des menschlichen Körpers – Lebensrettende Sofortmaßnahmen – Allgemeine Unfallhilfe – Besondere Notfälle im Gebirge – Gesundheitsschäden und Leistungsbergsteigen – Verbandlehre – Flugmedizinische Grundbegriffe.
256 Seiten. Zahlreiche Fotos und Zeichnungen. 1. Auflage 1979.

Zu beziehen durch alle Buchhandlungen

Bergverlag Rudolf Rother GmbH · München

A. Einführender Teil

1. Einführung in die Landschaft

Der Fluß, die Saalach, entspringt in Saalbach-Hinterglemm und trennt die wuchtigen Gebirgsstöcke der Loferer und Leoganger Steinberge vom Hochplateau des Steinernen Meeres. Anfangs durchfließt die Saalach den Talboden der Pinzgauer Grasberge, dann mündet sie in ein weites Talbecken — umsäumt im Süden von den Hohen Tauern, im Osten vom Hochkönig und dem Hochplateau des Steinernen Meeres sowie im Norden von den mächtigen Südabstürzen der Leoganger Steinberge. Von der Maishofener Wasserscheide gezwungen, wendet sich der Flußlauf nach Norden, durchfließt mühelos das weite Talbecken, vereinigt sich mit mehreren Bächen — wie der Urslau und der Leoganger Ache — und bahnt sich nun mühselig den Weg durch die gewaltige Schlucht der Hohlwege über Weißbach nach St. Martin. Nur kurz erweitert sich das Tal. Verstärkt durch zahlreiche kleine Bäche fließt sie weiter durch die Strohwollner Schlucht, die Teufelstegschlucht, vorbei an den Engstellen Kniepaß und Steinpaß, bevor sie das weite Land hinter Bad Reichenhall erreicht und sich mit dem Fluß Salzach vereint.

Die im Führerwerk beschriebenen Orte begrenzen die beiden Gebirgsstöcke der Loferer und Leoganger Steinberge. Die östliche Grenze wird von der Saalach gebildet. Die südliche Grenze wird von der Leoganger Ache, die vom Griesenpaß herabfließt und in die Saalach einmündet, gezogen. Deutlich ausgebildet ist die westliche Begrenzung von Hochfilzen, das Fieberbrunner Tal bis St. Johann und das Pillerseetal bis Waidring in Tirol. Die Entstehung dieser Täler wird den mächtigen Eisströmen, die von den Hohen Tauern herabflossen, zugeschrieben. Die Theorie wird erhärtet durch Urgesteinsfindlinge in den Südabstürzen der Loferer Steinberge in Höhen bis zu 1800 m.

In früher Zeit wurden diese Täler nur von Jägern und Hirten besucht, in späteren Zeiten auch von Kaufleuten, streitbaren Horden; erst später wurden sie von Siedlern bewohnbar gemacht.

Pestsäule beim Lenzenbauern am Weg von Reith nach Lofer

Durch das rauhe Klima und den kargen Ertrag aus Bodennutzung führten die hier Ansässigen ein hartes Leben. Es entwickelte sich ein gesunder, kerniger Bauernschlag mit ausgeprägtem Brauchtum und starker Naturverbundenheit. Dies ist bis zum heutigen Tage erhalten geblieben. Erst um 1900 begann sich mit dem Fremdenverkehr eine neue Einnahmequelle zu entwickeln.

Die schöne Landschaft, umrahmt und geprägt von den über ihr thronenden Kalkbergen — mit Schneefeldern das ganze Jahr über geschmückt — sind die erhabene Darstellung einer mächtigen Schöpfung. Wer die Einsamkeit sucht und sie erträgt, mag in diesen gewaltigen Bergstöcken wandern, sie werden ihm eine Heimstätte sein.

Die umliegenden Ortschaften sind in ihrer Ausdehnungsmöglichkeit (Gott sei Dank) begrenzt. Nur die Orte St. Johann in Tirol und Saalfelden, haben freien Raum zur Entfaltung. Die geringe Ausdehungsmöglichkeit hat aber die Nutzung der zur Verfügung stehenden Fläche günstig beeinflußt. Malerische Marktflecken und Dörfer, mit einem lieblichen, echten Ortskern, in ihrer Mitte der Kirchturm emporragend, sind entstanden. Im Sommer zieren farbenprächtige Blumen die schmucken Tiroler und Pinzgauer Bauernhöfe, während im Winter bei guter Schneelage das herrliche Weiß der Landschaft eine beschauliche Ruhe und Schönheit verleiht. An diesen Schönheiten ist der Fremdenverkehr nicht vorbeigegangen. Manches Opfer wurde ihm gebracht, bevor man begann, Althergebrachtes zu bewahren und den Bau- und Landschaftsstil zu erhalten. Der Baustil mit den großflächigen Holzdächern und herrlich geschnitzten Holzbalkonen, aus schweren, von der Sonne gebräunten Holzbalken, ist eine Wohltat für jedes Auge.

Möge jeder Wanderer diese kostbare Landschaft so erleben und so verlassen, wie er sie vorzufinden wünscht. Frei vom Abfall der Zivilisation und ihren Zeichen. Still und erhaben in ihrer Größe und Reinheit, ein Hort von lebendiger Schönheit.

2. Lage und Begrenzung

Die Zusammenfassung der beiden Gebirgsstöcke bietet sich wegen ihres sehr ähnlichen geologischen Aufbaues, ihrer geringen Ausdehnung und ihrer Nachbarschaft an. Sie gehören zu der Gruppe der Nördlichen Kalkalpen und liegen zwischen den Kitzbüheler Alpen im Südwesten und den Berchtesgadener Alpen im Nordosten.

Ihre Begrenzung ist nach allen Seiten durch Flußtäler gegeben: Im Norden das Strubtal, im Osten das Saalachtal, im Süden das Leoganger Tal, im Westen der Leoganger Steinberge das Wiesenseetal und im Westen der Loferer Steinberge das Pillerseetal.

Der Schüttachgraben trennt die Loferer von den Leoganger Steinbergen. Die Wasserscheide in seiner Mitte hat den im Volksmund fest verankerten Namen Römersattel, der allerdings von Wissenschaftlern anders gedeutet wird (Romernsattel, von Romern oder Ramern = Geröll, wie z. B. Ramsau).

Der Volksmund ist aus vielen Namen des Gebietes zu hören und gibt ihnen ihre Ursprünglichkeit: Schafelzacken, Saurüssel, Kugelkopf, Truhe, Ochsendaumen, Bettstatt, Elfer- und Zwölferhörndl (dies hängt mit dem Sonnenstand um die Mittagszeit, von Waidring aus gesehen, zusammen), usw. Die Namen von Gipfeln, Übergängen und Scharten ähneln einander in beiden Gebirgsstöcken sehr. Der Einfluß der Tiroler tritt bei der Namensgebung in den Loferer Steinbergen stärker in Erscheinung als in den Leogangern. Dies wird auf die schon im Altertum vorhandene Wegverbindung Lofer — Waidring — Hochfilzen zurückgeführt. Leogang gewann erst mit der Erschließung des Bergbaues (an der Südseite des Tales) Bedeutung. Die alpine Erschließung begann 1820 durch Pater Thurwieser. Purtscheller und Cranz sind die ersten Touristen — noch im 19. Jahrhundert — in diesem Gebiet. Vorher wurden die höheren Regionen nur von Jägern oder Schatzsuchern betreten. Viele Sagen erzählen von Reichtümern und Schätzen im Innern der Berge.

Der Reiz der Landschaft liegt in ihren Kontrasten: Enge Täler im Norden und Osten, weite Talbecken im Süden und Westen, die in sanfte Hügel übergehen. Fast unmittelbar erheben sich über dem Hellgrün der Wiesen und dem Dunkel der Wälder die steilen Felswände und schneebedeckten Gipfel der Loferer Steinberge, die sicher zu den formschönsten Bergen der Ostalpen gehören. Kaum von irgendwo schöner als von den Leoganger Bergen ist der Ausblick auf die Salzburger Hohen Tauern, zum Steinernen Meer und in das Saalfeldner Talbecken.

3. Verkehrswege

Beide Gebirgsstöcke sind durch Straßen gut erschlossen.
Autobusverbindungen bestehen von Salzburg, Bad Reichenhall, Zell/See, Kitzbühel, St. Johann nach Lofer, St. Martin, Weißbach, Saalfelden, Leogang, St. Ulrich, Waidring.
Eisenbahnverbindung besteht zu den genannten Autobus-Abfahrtsstationen, außerdem sind Leogang, Saalfelden und Hochfilzen Personenzugstationen.
Straßen:
Bundesstraße 1 = Europastraße E 17: Salzburg — Bad Reichenhall — Lofer — Waidring.
Bundesstraße 168: Lofer — Saalfelden — Zell am See.
Bundesstraße 61: Saalfelden — Leogang — Hochfilzen.
Bundesstraße 91: Waidring — St. Ulrich — Fieberbrunn.
Entfernungen in km von Lofer: Oberweißbach 8, Waidring 10, Saalfelden 24, St. Johann/Tirol 25, Bad Reichenhall 25, Zell am See 38, Salzburg 45, Innsbruck 120, München 140, Wien 341.

4. Bevölkerung

Die Nachweise vorgeschichtlicher Besiedelung sind dürftig. Einige Zufallsfunde deuten auf Menschen in der Jungsteinzeit. Gefunden wurden z. B. Steinbeile in Lofer, St. Martin und Saalfelden, Wohnhöhlen in Saalfelden, Oberweißbach und am Kniepaß, bei Unken eine Höhle mit Felszeichnungen. In jüngster Zeit wurde, ebenfalls bei Unken, ein Rastplatz mit Knochenresten von Braunbären und Elchen entdeckt.

Im Altertum waren die Täler um die Loferer und Leoganger Steinberge von den Illyrern — so nimmt man an — durchzogen oder bewohnt, nachweislich jedoch von Kelten besiedelt. Diese bildeten auch während der Römerherrschaft die einheimische Bevölkerung. An die Römer erinnern uns Straße (eine Hauptdurchzugslinie Paß Strub) und Karrenwege (Römersattel?) sowie einige Keramikfunde und Münzen. Die Völkerwanderungszeit dürfte auch hier viele Spuren verwischt haben. — Im 6. Jahrhundert wurden die Kelten von

Zufahrtswegeskizze ▶

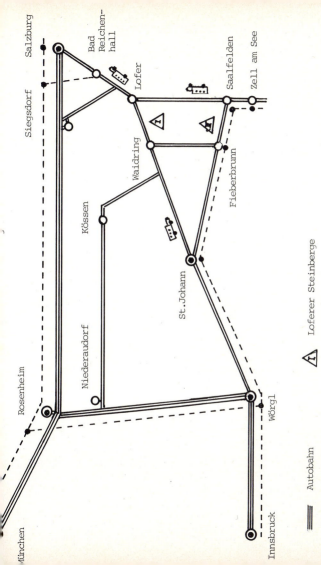

den Germanen, und zwar von den Bajuwaren, stark unterwandert. Unbedeutend sind die sehr strittigen Annahmen einer slawischen oder römischen Vermischung, Urkunden und Schrifttum finden sich erst ab ungefähr 800 n. Chr.

Im Laufe der Jahrhunderte bildete sich in diesem Grenzland zwischen Bayern, Tirol und Salzburg ein Menschenschlag heraus, der stolz ist auf seine Eigenart und auf seine Heimat als Tiroler oder Salzburger. Wie meist in Grenzgebieten war hier der Tiroler von jeher bewußterer Tiroler, der Salzburger bewußterer Salzburger als mitten im Land, jedoch auch weltoffen, was schon durch die Lage an der wichtigen Verkehrslinie über den Paß Strub (Römerstraße, Salz- und Handelsstraße, einer der ersten Postlinien) gegeben war.

In der neuesten Zeit gewinnt der Fremdenverkehr immer mehr Bedeutung und wird in steigendem Maße zur Erwerbsquelle der Bevölkerung. Trachten und Brauchtum werden bewahrt, und an der Pflege des Althergebrachten und an der tüchtigen Bewältigung der Gegenwart mögen Einheimische und Gäste ihre Freude haben.

5. Klimatische Bedingungen

Das Klima hat kontinentalen Charakter. Mittlere Jahrestemperatur +7° C. Jahres-Maximaltemperaturen im Sommer bei +29° C, im Winter bei —25° C. Beide Gebirgsstöcke sind nach Westen hin, zum Inntal, offen und gegen Norden nur mäßig geschützt. Die von der Wetterseite (Westen) herangeführten feuchten Luftmassen stauen sich hier und es kommt sehr oft zu ergiebigen Niederschlägen, die in größeren Höhen, auch im Hochsommer, nicht selten als Schnee niedergehen. Gewitter sind nicht sehr häufig (15—20 pro Jahr), jedoch meist ziemlich heftig und von Hagelschlag begleitet. Die größte Wetterbeständigkeit herrscht im Frühjahr und Herbst. Der im Flachland so unangenehme herbstliche Talnebel tritt hier kaum in Erscheinung. Er endet meist in der Talenge (Kniepaß) bei Unken fast schlagartig. Föhn tritt nicht oft auf.

In den vom Wind geschützten Tallagen erwärmen sich die Luftmassen in den Sommermonaten oft erheblich. Im Winter entstehen dadurch in umgekehrter Weise Kaltlufttropfenbildungen. (Kaltlufttropfen = räumlich durch Berge abgegrenzte, im Tal liegende Luftmassen). Günstigste Zeit für Bergfahrten Juli bis September, günstigste Zeit für Skitouren März bis Mai.

6. Geologie

Der Kalkaufbau beider Gebirgsstöcke besteht zuunterst aus Werfener Schichten, darüber bröckeligem, schlecht geschichtetem Hauptdolomit, grau-rötlichem Plattenkalk mit Toneinlagerungen und schließlich einer mächtigen Decke aus grobbankigem Dachsteinkalk. Die roten Toneinlagerungen waren Anlaß zur häufigen Verwendung von Rot in den Namen von Gipfeln und Scharten (Rothörndl, Rotnieder usw.). Die Kalke sind in unterschiedlich mächtigen Verschubschichten gelagert, zwischen denen Bänder von ziemlicher Breite (bis zu 25 m) entstanden sind. Die Überwindung solcher Stufen in der Senkrechten bereitet dem Kletterer oft erhebliche Schwierigkeiten. Die Verschübe steigen von Nord nach Süd an, daher sind die eigentlichen Steilabfälle (Wände) in beiden Gebirgen südseitig; eine der höchsten Wände der Ostalpen ist die Birnhorn-Südwand in den Leogangern mit 1600 m; in den Loferern gibt es zudem noch markante Nordwestabstürze von größerer Höhe (400—600 m).

Eine Besonderheit stellen die Urgesteinsfindlinge im Leoganger Ebersbergkar dar — Überreste von riesigen Gletschertransporten aus den Hohen Tauern. Die ursprünglich tief eingeschnittenen V-Täler wurden durch den Rückgang der Gletscher mit Moränenablagerungen, Felseinstürzen und später mit Erosionsgestein gefüllt. Durch Anlandung der Flüsse ebneten sich die Täler ein. Im Verlaufe der chemischen und mechanischen Zersetzung entstanden die heutigen breiten begrünten Talböden.

An tiefen Stellen der Tallagen bildeten sich Seen, die teils heute noch vorhanden sind: Grießensee und Pillersee. Verlandete Seen schufen heilkräftige Moore: Loferer Hochmoos.

Versteinerungen in der Form von Blättern, Kuhtrittmuscheln, Schnecken und anderen Meerestieren sind in den Karen und Gruben, und zwar in den obersten Schichten des Kalkaufbaues anzutreffen. An der Westseite (Tiroler Seite) besteht durchaus die Möglichkeit, daß in den obersten Kössener Schichten Überreste von Dinosauriern gefunden werden könnten.

Beide Steinberge sind heute stark verkarstet und weisen viele Höhlenbildungen auf. In den höher gelegenen sind Eisreste von unterschiedlicher Mächtigkeit zu finden (Eisdome). Eine der größten Höhlen im Salzburger Land ist die öffentlich zugängliche Lamprechtsofenhöhle nahe der Ortschaft Oberweißbach. Ihre Erforschung ist noch nicht abgeschlossen. Die starke Verkarstung bedingt eine Wasserarmut in den Höhen beider Gebirge.

7. Pflanzen- und Tierwelt

An die begrünten Talböden schließen sich die dicht bewaldeten Hänge: vorwiegend Fichten, Tannen, Föhren, aber auch Buchen, Eichen, Ahorne, Erlen und Weiden, der Baumwuchs reicht bis in Höhen von 1800 m, jedoch an einigen Stellen nur bis 800 m (Loferer Hochtal, Lastal usw.). Daran schließen sich die Latschenzonen. Von den Alpenblumen sind fast alle, mit Ausnahme des Edelweißes, vorhanden: Enzian, Alpenrose, Nebelrose, Türkenbund, Frauenschuh, Kohlröserl. u. a. Die Schutzbestimmungen sind unbedingt zu beachten!

Beide Gebirgsstöcke zählen zu den wildreichen Gebieten. Hasen, Rehe, Hirsche und Rotfüchse, in höheren Lagen Schneehasen und Gemsen, Auerhähne, Schneehühner, Habichte, Birkhähne und Steinadler sind häufig anzutreffen; jedoch keine Murmeltiere und Steinböcke.

Die Flüsse sind sehr fischreich: Forellen, Äschen, Saiblinge, Aalruten, Hechte, Aiteln, Grundeln.

8. Schrifttum und Karten

Führer:

Purtscheller/Heß: Der Hochtourist in den Ostalpen, Band 2, Leipzig 1926.
Einsele, H.: Führer durch die Leoganger Steinberge, München 1925.
Dürnberger, T.: Kurz-Skiführer Lofer, München 1963.
Dürnberger, T.: AV-Führer Loferer — Leoganger Steinberge, München 1971.

Zeitschriften:

des Deutschen und Österreichischen Alpenvereins:
1900: H. Cranz, Die Loferer Steinberge.
1901: H. Cranz, Monographie der Leoganger Steinberge.

1926: H. Einsele, Der Leoganger Steinberg; Dr. N. Lichtenegger, Geologie der Loferer und Leoganger Steinberge.
Österr. Alpenzeitung 1899: J. Gmelch, Das Birnhorn und seine Umgebung.

Karten:

Alpenvereinskarte der Loferer Steinberge 1 : 25 000, 1925.
Alpenvereinskarte der Leoganger Steinberge 1 : 25 000, 1926.
Österr. Karte 1 : 50 000 (Bundesamt für Eich- und Vermessungswesen, Wien) Blatt 123/1 und 123/2 Leoganger Steinberge, Blatt 92/3 Loferer Steinberge.
Freytag-Berndt-Touristenwanderkarte 1 : 100 000 Blatt 10 und 30.

Heimatkundliches Schrifttum:

Baumgartner, K.: Ritterburgen im Saalachtal, 1948.
Dürlinger: Pinzgau.
Ecker: Chronik von Lofer, 1900
Klein, F.: Führer durch Waidring und Umgebung, 1959 (Verkehrsverein Waidring).
Lahnsteiner, J.: Mittelpinzgau, 1962.
Leidlmair, A.: Formentwicklung im Mittelpinzgau, 1956.
Martin, F.: Kunsttopographie Saalfelden.
Merian Heft 4/XVIII: Der Pinzgau, 1965.
Pretzel: Salzburger Barockplastik.
Pürstl, L.: Unser Pinzgau, Band II und III.
Ringelschwendtner: Anton Wallner (Freiheitskämpfe 1804, 1809).
Schallhammer: Kriegerische Ereignisse 1800/1805/1809.
Wagner: Pinzgauer Sagen.
Wimmer: Wallfahrtsort Maria Kirchental (Christliche Kunststätten Österreichs, Nr. 33, Salzburg 1968).

9. Hinweise und Ratschläge

Bergführer stehen dem Gast in folgenden Orten zur Verfügung: Unken, Lofer, Saalfelden, Leogang, Fieberbrunn, St. Johann i. Tirol, St. Ulrich. Auskunft beim örtlichen Fremdenverkehrsverein.

Die Schönheit einer Wanderung ist abhängig von sorgfältiger Vorbereitung. Als wichtige Voraussetzungen gelten: sach- und zweckmäßige Bekleidung, gutes Schuhwerk, Kenntnis des Zieles und der Wege, die dorthin führen und vor allem Kenntnis um die eigene psychische Verfassung und Kondition. Eine gut geplante Wanderung im Gebirge oder in Waldgegenden wirkt zweifellos positiv auf den Menschen. Überlastung kehrt alles ins Gegenteil um. Dieser Grundsatz gilt vor allem bei Bergtouren. Eine Bergtour soll nicht dazu dienen, Kondition zu verschaffen; vielmehr gilt, die Kondition muß schon vorher erarbeitet sein. Denn sind die Kräfte infolge Selbstüberschätzung erlahmt, wird alles ungleich schwieriger.

Die angegebenen **Wegzeiten** sind ausschließlich Gehzeiten ohne eingerechnete Pausen. Sie sind für den Normalwanderer nicht zu knapp bemessen.

Die **Richtungsangaben** links und rechts beziehen sich immer auf die jeweils beschriebene Wegrichtung. Bei mehreren Anstiegsmöglichkeiten auf einen Gipfel ist der zuerst beschriebene immer der Normalanstieg. Fehlt bei diesem eine Schwierigkeitsangabe, so ist der Anstieg für jeden Bergwanderer geeignet, wobei entsprechende Ausrüstung (feste Bergschuhe mit Profilgummisohle, Wetter- und Kälteschutz usw.) vorausgesetzt wird. Schwierigere Anstiege, also solche, die ein Klettern abverlangen, sind mit einer Schwierigkeitsangabe (römische Zahl) versehen.

10. Schwierigkeitsbewertung (nach UIAA)

I: Geringe Schwierigkeiten. Einfachste Form der Felskletterei (kein leichtes Gehgelände!). Die Hände sind zur Unterstützung des Gleichgewichts nötig. Anfänger müssen am Seil gesichert werden. Schwindelfreiheit bereits erforderlich.

II: Mäßige Schwierigkeiten. Hier beginnt die Kletterei, die Drei-Punkte-Haltung erforderlich macht.

III: Mittlere Schwierigkeiten. Zwischensicherung an exponierten Stellen empfehlenswert. Senkrechte Stellen oder gutgriffige Überhänge verlangen bereits Kraftaufwand. Geübte und erfahrene Kletterer können Passagen dieser Schwierigkeit noch ohne Seilsicherung erklettern.

Eine Beschreibung der höheren Schwierigkeitsgrade erübrigt sich, da in diesem Führer keine Tour den III. Schwierigkeitsgrad übersteigt.

Die Worte „**schwer**" und „**leicht**" in der Beschreibung einer Führe bedeuten keinen Schwierigkeitsgrad nach obiger Skala, sondern sind im Vergleich zur Gesamtschwierigkeit des Weges zu verstehen.

11. Bergrettung

a) Das „Alpine Notsignal"

Das Alpine Notsignal besteht aus einem sicht- oder hörbaren Zeichen, das innerhalb einer Minute (in Abständen von 10 Sekunden) sechsmal hintereinander gegeben wird. Die Wiederholung des Notsignals erfolgt nach einer Pause von jeweils einer Minute so lange, bis Antwortzeichen gesehen oder gehört werden.

Die Antwort der Helfer oder jener, die Hilfe herbeiholen, besteht aus einem sicht- oder hörbaren Zeichen, das dreimal innerhalb einer Minute (in Abständen von 20 Sekunden) gegeben wird.

Der Mißbrauch des alpinen Notsignals ist strafrechtlich verfolgbar.

b) Bergrettungsstationen

In den Orten Unken, Lofer, Saalfelden, Leogang, Hochfilzen, Fieberbrunn, St. Johann/Tirol, St. Ulrich und Waidring bestehen eigene Bergrettungsstationen. In den anderen Orten ist auch meist Rotes Kreuz, Arzt oder Gendarmerie vorhanden. (Siehe bei den einzelnen Orten unter „Für den Notfall".)

12. Abkürzungsverzeichnis

B	=	Betten
ca.	=	cirka
km	=	Kilometer
M	=	Matratzen
m	=	Meter
Min.	=	Minute
Nr.	=	Nummer
R	=	Randzahl
Std.	=	Stunde
UIAA	=	Vereinigung der nationalen alpinen Verbände

B. Täler, Talorte und Wanderungen in den Talschaften

1. Saalachtal

● **1** Es ist nach dem gleichnamigen Fluß Saalach benannt und verbindet die Orte Saalbach, Maishofen, Saalfelden, Oberweißbach, St. Martin, Lofer, Unken, Jettenberg, Bad Reichenhall; danach öffnet es sich zur Ebene. Die Landesgrenze Österreich — Bundesrepublik Deutschland verläuft zwischen Unken und Jettenberg und wird auf dem Steinpaß überschritten.

Die gesamte östliche Begrenzung der Loferer und Leoganger Steinberge wird durch das Saalachtal gebildet. Es scheidet die Loferer und Leoganger vom Steinernen Meer. Die Trennung beginnt im Norden beim Marktflecken Lofer, setzt sich fort über St. Martin, Oberweißbach und endet beim Markt Saalfelden. Oft sind der Fluß und die Straße durch die Enge des Tales knapp aneinander gerückt, erstmals am Paß Luftenstein bei St. Martin. Das Tal erweitert sich dann wieder bis zur Ortschaft Oberweißbach, um sich von neuem in den sogenannten „Hohlwegen" zu verengen. Darunter ist ein schmales, schlauchförmiges Tal zu verstehen, das sich erst in Saalfelden wieder verbreitert; hier zu einem großen Talbecken, das nach Süden, zu den Hohen Tauern offen ist.

Im Mittelalter wurde durch die Engpässe der Täler, durch die wichtige Verkehrswege führten, das Unwesen der Raubritter begünstigt. So findet man zwischen St. Martin und Weißbach Überreste der Raubritterburg Saaleck. Nahe dieser Ruine sind auch die größten Schauhöhlen des Pinzgaues: die Lamprechtsofen-Höhlen. Weitere Sehenswürdigkeiten dieser Art: die Vorderkaserklamm bei St. Martin und die Seisenbergklamm bei Weißbach. Der Wallfahrtsort Maria Kirchental bei St. Martin mit seiner Barockkirche von J. B. Fischer v. Erlach bildet eine Sehenswürdigkeit ganz anderer Art.

Entfernungen: Bad Reichenhall — Unken 17 km — Lofer 8 km — St. Martin 3 km — Weißbach 8 km — Saalfelden 12 km.

Verkehrwege: Durch das Tal führt die Bundesstraße 168.

● 2 **Steinpaß,** 560 m

Österreichisch-bayerischer Grenzübergang, gelegen an der Bundesstraße 1 = Europastraße E 17. Zufahrt über Salzburg, Bad Reichenhall, Zell am See oder Autobahnabfahrt Siegsdorf, Inzell, Schneizlreuth, Steinpaß.

Die Grenzstation besteht nur aus den Zollabfertigungsgebäuden sowie einem Gasthaus mit Tankstelle und liegt auf der österreichischen Seite am Fuße des eigentlichen Paßüberganges. An dessen höchster Stelle liegt die Ortschaft Melleck am Fuße des Grindberges. Vom Gasthof Melleck — mit schönem Gastgarten und guter bayerischer Brotzeit — hat man einen wunderschönen Einblick auf

Flußlandschaft der Saalache am Teufelssteg bei Lofer;
für Kajakfahrer Wildwasser IV bei normalem Pegelstand.

den Beginn des österreichischen Saalachtales, beherrscht von der Silhouette der Loferer Steinberge (siehe Bild Seite 100).

● 3 **Unken,** 560 m

Das Unkener Tal wurde in frühgeschichtlicher Zeit von Jägern und Kaufleuten auf dem Weg nach Tirol über die Alpen durchstreift und als Lagerstätte benutzt. Funde von Lagerstätten mit Tonscherben und Steinwerkzeugen erhärten diese Annahme. Urkundlich wird erstmals um 976 n. Chr. eine Bauernlehen von Unken erwähnt. Zu gleicher Zeit werden in der Ortschaft Reith (zu Unken gehörend) zwei Bauernhöfe genannt. Um 1137 werden Schenkungen von Salzpfannen an die Stifte Reichenberg und St. Peter erwähnt. Die Wälder um Unken wurden schon früh zur Gewinnung von Brennmaterial für die Salzpfannen genutzt. Ob sich in Unken selbst Salzpfannen zur Salzgewinnung befanden, ist nicht eindeutig erwiesen, obwohl Namen von Bauernhöfen, wie Pfannhauser und Soder, schon in früher Zeit erwähnt sind. In der Nähe des Maiskogels ist auch eine stark mineralsalzhaltige Quelle. Die Heilquelle wird bis zum heutigen Tag nicht genutzt. In den Jahren der Franzosenkriege (1800—1809) war Unken Schauplatz heftiger Kämpfe.

Die erste Kirche im Ort wurde um 1380 erbaut. Um 1758 wurde mit dem Bau einer neuen Kirche begonnen, welche um ca. 1760 fertiggestellt wurde. Der Hochaltar stammt aus der Zeit 1765 und ist dem hl. Jakob gewidmet. Der linke Seitenaltar stellt einen Holzknecht dar. Die Kanzel ist im Rokokostil von 1760 gehalten. Die lebensgroße Marienstatue wurde von einem Bauern — dem Lettingbauern — aus dem Gföll geschaffen. Sie hat den Beinamen „Gföller Mutter Gottes".

Die Bevölkerung von Unken gilt als sehr fromm. Zahlreiche Kapellen sind in der Umgebung zu finden.

Nach 1900 begann sich zaghaft der Fremdenverkehr zu entwickeln. Mittlerweile haben viele Einrichtungen den Fremdenverkehr zu einer guten Einnahmequelle zum Wohle und Gedeihen des Ortes werden lassen.

Über den Ort:
— Einwohnerzahl: 1750
— Zahl der Fremdenbetten: 600

Kaskadenartige Bachlandschaft im Heutal bei Unken ▶

— Auskunft: 5091 Gemeinde Unken, Tel. 06249/202
             Fremdenverkehrsverein Unken, Tel. 06249/245
— Fundamt Gemeinde Unken.

Für den Notfall:
— Gendarmerie   Tel. 133
— Rotes Kreuz   Tel. 144
— Arzt: Dr. Schlederer   Tel. 210
— Bergrettungsdienst   Tel. 335

Wanderungen von Unken

● **4 Schloß Oberrain,** 15 Min.

Vom Gemeindeamt Richtung Bundesstraße. Den Fußweg der Bundesstraße entlang bis zum Gasthof Sonnblick und weiter zu einer Tankstelle in Richtung Lofer. Etwa 50 m nach der Tankstelle rechts abzweigen und mäßig ansteigend auf breitem Fahrweg zum Schloß Oberrain. An der linken Seite des Schlosses auf schmälerem Weg auf den Oberrainer Kogel.

● **5 Kalvarienberg,** 773 m, 1 Std.

Vom Dorfkern zur Dorfkirche aufsteigen. Zwischen Kirche (rechte Seite) und Pfarrhof hindurchgehen zu dem hier beginnenden Weg, der steiler werdend am Feldrand zur Anhöhe führt. Durch den hier ansetzenden Wald flacher werdend zu einer Kapelle — Ölbergkapelle. Vom Weg links abbiegen, vorbei an Darstellungen der Leidensstationen Christi, in Serpentinen hinauf zum Kalvarienberg. Auf der Anhöhe befindet sich die Kalvarienbergkapelle, von der man einen schönen Ausblick auf das Unkener Talbecken und zu den Reiter Steinbergen hat. Als Rückweg kann man die Straße zum Sonnberg und weiter zum Fuchsbauer ins Dorf nehmen.

● **6 Kalte Quelle und Festung Kniepaß,** 1 Std.

Vom Dorf entlang der Bundesstraße Richtung Lofer bis zum Gasthof Lukaswirt. Dort von der Bundesstraße rechts abzweigen, dem südlichen Ufer des Flußlaufes der Unken flußaufwärts folgen und weiter an einer markanten Felswand links haltend zur Pfannhauswand. Das sichtbare Bauerngehöft, der Pfannhausbauer, wird rechtsseitig liegen gelassen. Den schmalen Weg durch dichten Wald zur Kalten Quelle. Weiter durch anfangs dichten Wald zu einer Waldlichtung. Rechts abzweigen und steil aufwärts zur Festung Kniepaß. Die alte, wehrhafte Festung ist in gutem Zustand erhalten. Von der Festung absteigen zur Waldlichtung und weiter zur Bundesstraße.

Auf der Bundesstraße ca. 150 m Richtung Unken, dann links abzweigen auf den Feldweg zum Lukaswirt.

● 7   **Gsengsteig — Josefsallee,** 1½ Std.

Vom Dorf hinauf zur Kirche und den, an der Friedhofsmauer beginnenden Horizontalweg unterhalb des Pfarrhofes entlang vorbei an einer Pestsäule zum Lohweberbauern. Weiter den Weg vorbei am Ennsmannbauern zur Grenze Steinpaß. Über die Bundesstraße zum Gasthof. Hinter dem Gasthof den Weg über den Steinbach und die anschließende Holzbrücke (Kössler Brücke) auf das andere Ufer der Saalach. Den Uferweg flußaufwärts bis zur ersten Brücke (Achner Brücke) und über diese zurück zum Dorf. Sehr schöne Wanderung mit viel schattigen Stellen.

● 8   **Staubbachfall,** 910 m, (Heutal), 1 Std.

Vom Heutalwirt bis zum Beginn des Fischbaches talabwärts. Nun am rechtsseitigen Ufer des Fischbaches flußabwärts durch Felder zum beginnenden Wald. Auf schmalem Weg durch schütteres Waldgebiet, den immer steiler werdenden Hang entlang, mit schönen Tiefblicken hinunter zum Fluß. Nach knapp ½ Std. gelangt man zu einem Felsabsturz. Auf gut gesichertem Steig hinter einem, vom Felsen herabstürzenden Wasserfall hindurch — dem Staubachfall — erreicht man die bayerische Seite (Grenzstation). Hier endet der landschaftlich reizvollste Teil der Fischbach-Schlucht.

● 9   **Innersbachklamm,** 1 Std.

Vom Dorf Richtung Bundesstraße, diese überqueren, und die anschließende Brücke (Achner Brücke) überschreiten auf das östliche Ufer der Saalach. Den Flußlauf aufwärts, vorbei am Felsenbad, über Gasthof Schütterbad zum Gaissteig. Nach Durchschreiten der Felszone über eine freie Wiesenfläche zu einem, von links herabkommenden Fluß. Am linken Flußufer aufwärts gelangt man zum Klammeingang. Auf gut gesicherten Holzstegen durch die Klamm auf eine freie Waldfläche. Weiter auf dem Fahrweg nach Reit zum Gasthof „Drei Brüder". Zurück auf gleichem Weg oder mit dem Postauto.

● 10   **Unkenberg — Liedersberg,** 1029 m, 2 Std.

Vom Dorf Richtung Heutal der Fahrstraße entlang bis zu einer Tischlerei (Auer). Nach weiteren 150 m links abzweigen, leicht absteigen in den Graben. Vom Graben ansteigen auf den Unkenberg bis zum Grabnerbauer. Hier beginnt der Luegsteig zum Liedersberg. Am Grabnerbauern rechts vorbei in die Waldzone und teilweise durch Schrofen sowie steile Hänge auf den Liedersberg. Vom Liedersberg über die Felder, vorbei an Almhöfen, über das Langenmoos und den Brennerkaser zum Abstieg über den Brechlerberg zum Brechlerbauer an der Reiter Brücke (Postautohaltestelle). Sehr schöne, anspruchsvolle Wanderung.

● **11 Schwarzbergklamm**, 850 m, 2½ Std.

Schöne, fast ebene Wanderung. An heißen Tagen sehr zu empfehlen, da man immer entlang der kühlen Talsohle neben dem Bach wandert. Unken, Friedlwirt, dort links abzweigen am Unkenbach entlang. Vorbei an Fels- und Waldhängen kommt man zur Eiblklamm und zur wildromantischen „Gföller Blaicke". Sie soll der Überlieferung nach eine durch einen Bergsturz verschüttete Alm sein. Der Weg führt immer weiter ins Tal hinein und schließlich nach einer kurzen Steigung zur Brücke über die Schwarzbergklamm. Sie ist zur Zeit nicht begehbar. Die Klamm ist rund 80 m tief und 400 m lang, aber stellenweise nur 2—3 m breit. Sie gehört zu den tiefsten Klammen Mitteleuropas. Von der Brücke aus hat man Einsicht in die Schluchten der Klamm. Rückweg gleich oder über Fußtalstube, Kendlgraben ins Hintergföll oder Wanderung über die Vordere und Hintere Schwarzbergalm zur Loferer Alm.

● **12 Wildalm**, 1390 m, 45 Min vom Heutal.

Vom Heutalwirt (bis hierher auf der Mautstraße mit dem Auto fahrbar) talabwärts zur Talstation des Wildalm-Schleppliftes. Etwa 50 m vorher links abbiegen. Leicht ansteigen durch ein schmales Waldstück über die Ederalm und ein weiteres schmales Waldstück zum Geisslerkaser auf der Wildalm (Bergstation Schlepplift).

● **13 Dürrnbachhorn**, 1776 m, 2 Std. vom Heutal.

Auf Weg R 12 zur Wildalm. Von der Bergstation des Schleppliftes steigen wir in westlicher Richtung über den Almboden zum schütteren Waldrand hinauf und dann auf gut markiertem Weg am rechten Hang bis zum Bergkamm der Wildalmschneid weiter. Von hier in westlicher Richtung über die Wildalmschneid mäßig ansteigend zum Dürrnbachhorn. Vom Dürrnbachhorn kann auch ohne Schwierigkeit auf die Winklmoosalm abgestiegen werden.

Staubbach-Wasserfall im Heutal bei Unken   ▶

● **14 Wetterkreuz,** 1528 m, 2½ Std.

Auf Weg R 5 zur Ölbergkapelle. Weiter die Forststraße der Markierung folgend in steilen Serpentinen zum Hochwiesmahd. Nun führt der Weg mäßig ansteigend durch felsdurchwachsene Waldzonen zur Hölzlalm (Almhütte). Rechts abbiegen und über die Almfläche zum Hochgsengkamm und über den Kammrücken zum Wetterkreuz. Vom Wetterkreuz hat man einen schönen Überblick über das Unkener Talbecken, den darüber liegenden Achberg, zu den Westabstürzen der Reither Steinberge und zu den Anfängen des Steinernen Meeres.

● **15 Sonntagshorn,** 1960 m, 5 Std. von Unken, 2½ Std. vom Heutal.

a) Von Unken auf Weg R 14 bis zur Hölzlalm. Nun gerade weiter, erst sanft, dann steiler den Hang empor auf den Peitlingkamm. Dem Kamm in nördlicher Richtung zum Sonntagshorn zu einer Scharte folgen. Von der Scharte links über den latschendurchwachsenen Hang in Serpentinen zum Gipfel.

b) Vom Heutalwirt etwa 250 m in Richtung Unken, dann zum Heutalbauern abzweigen. Links vorbei auf dem Ziehweg zum Beginn eines von der Hochalm herabziehenden Grabens. Über das kleine Flüßchen im Graben auf einer Brücke hinweg und am linken Berghang den Graben aufwärts entlang bis zum Beginn einer stark mit Unterholz bewachsenen Zone. Den Grabenboden verlassen, den nun steiler werdenden Hang aufsteigen zu einer kleinen Almfläche mit Kaser. Über die Almfläche schräg ansteigen zu einem schmalen Waldstrich und durch diesen in wenigen Minuten auf die Hochalm (Trostberger Hütte — bewirtschaftet). Zur Trostberger Hütte gelangt man auch auf einem breiten Fahrweg, der von der Heutal-Fahrstraße auf der Anhöhe bei einer Schottergrube abzweigt.

Von der Trostberger Hütte weiter auf breitem Fahrweg aufwärts über den Almboden zu einer breiten Grasrinne zwischen Sonntagshorn und Peitingkopf. In der Grasrinne steigt man etwa 50 m auf und verläßt sie dann nach links. In Serpentinen den mit schwachem Baumwuchs und Latschen durchzogenen steilen Hang hinauf zum Gipfel.

Schon im Altertum wurde die Aussicht vom Sonntagshorn gerühmt. Der Blick hinaus ins flache Land zum Chiemsee im Norden und zu den schneebedeckten Eisriesen der Hohen Tauern oder zu den Felsburgen des Wilden Kaisers und der Reither Steinberge sind ein reichlicher Lohn für alle Mühen.

● **16 Achhorn,** 1315 m, 3 Std.

Vom Dorfkern über die Saalachbrücke den Fluß aufwärts bis zum Schütterbad. Weiter bis zu einer Bucht (gebildet von der Saalach). Auf der anderen Flußseite ist deutlich die Festung Kniepaß zu sehen. Nun vom Gaissteig links abzweigen und steil in Serpentinen über felsdurchwachsene Waldzonen, in wechselnder Folge durch freie und dichtbewachsene Flächen, zum Bergkamm hinauf. Dem Kammverlauf auf- und absteigend folgen zum Gipfel. Der Aufstieg ist nicht immer leicht zu finden und ist nur geübten Wanderern zu empfehlen. Als Abstieg wird der Weg über die Aschau oder den Hochreithbauern empfohlen.

● **17—20** frei für Ergänzungen.

● **21**   **Reith,** 565 m

Kleine Ortschaft am Westfuße der Reither Steinberge, zur Gemeinde Unken gehörend.

Nach der Durchfahrt einer engen Talstelle — Kniepaß — erweitert sich auf der linken (östlichen) Seite der Talboden zu den Reither Steinbergen hin. In diesen Talboden eingebettet liegt die Ortschaft Reith, ein idealer Ausgangspunkt für Wanderungen in das Aschautal, zum Maierberg und für den Bergsteiger zu Touren in die Reither Steinberge.

Die abseits der Straße liegende Ortschaft ist vom Verkehrslärm verschont und bietet eine beschauliche Ruhe. Besonders zu empfehlen sind Wanderungen im Herbst durch die bunt gefärbten Mischwälder des Aschautales und der Aufstieg auf das Achhorn mit herrlichem Tiefblick in das Unkener Tal. Schöne Ausblicke zu den Loferer und Reither Steinbergen.

Das Gasthaus „Zu den 3 Brüdern" und die Jausenstation im Aschautal laden zu gemütlicher Einkehr ein.

Eine Übergangsmöglichkeit zum bayerischen Unter-Jettenberg besteht von der Ortschaft Reith auf gut gepflegtem Weg über das Aschautal.

Die Ortschaft wird beherrscht von den eigentümlich geformten Spitzen der 3 Brüder, von denen die Sage berichtet, daß einst freche Wildschützen an einem Sonntag, dem Tag des Herrn, dem Jagdvergnügen auf dem Gebiet der Reither Alpe nachgingen. Als sie zu den Abstürzen der Berge gegen Reith kamen, tönte vom Tale aus der Kirche die Glocke zur Wandlung. Die 3 Brüder aber spotteten über den Gottesdienst, anstatt andächtig den Hut zu ziehen und ihr

Gebet zu verrichten. Zur Strafe für den Frevel brach ein Unwetter über sie herein und das Gottesgericht verwandelte sie in Stein. So stehen sie für alle Zeiten zur Warnung der Gotteslästerer in Stein geformt über dem Reither Talboden.

Über den Ort:

— Einwohnerzahl: ca. 90
— Zahl der Fremdenbetten: ca. 120
— Auskunft: 5091 Gemeinde Unken, Fremdenverkehrsverband.

Für den Notfall:

— Siehe Gemeinde Unken, Tel. 06249/202.

● 22—24   frei für Ergänzungen.

● 25   Lofer, 625 m

Der Name, 1190 urkundlich Louera, stammt von Loua und bedeutet Flußrinne. 1473 wird Lofer zum erstenmal als Markt erwähnt. Seine verkehrsmäßige Bedeutung wurde früh erkannt. Lofer liegt am Dreiländereck Salzburg, Tirol, Bayern. Das herrliche, einmalige Panorama der Loferer Steinberge beherrscht das Tal und den Ort und gibt ihm sein Gepräge. Das milde Klima im windgeschützten Talbecken, die nahen Wälder und die durchziehenden Flüsse Saalach, Loferer und Scheffsnother Ache gestalten eine Landschaft von besonderem Reiz. Dem Wanderer stehen über 20 km gepflegte Wege und Promenaden zur Verfügung. Die Bevölkerung ist keltischbajuwarischen Ursprungs von bäuerlichem Charakter. Im Ort entwickelte sich ein ausgeprägter Bürgersinn. Die Sprache ist pinzgauerisch mit tirolerischem Einschlag.

Besondere Bedeutung erlangte der Ort auch in den Freiheitskämpfen 1804—1809 gegen die Franzosen durch die nahe gelegenen Talsperren Festung Kniepaß, Paß Luftenstein und Paß Strub. Der heldenhafte Freiheitskampf gegen die anstürmenden Franzosen und Bayern hat in die Geschichte Eingang gefunden. Gut erhaltene Denkmäler und erbeutete Trachten, mitgeführt bei Festumzügen, sind heute noch zu sehen. Mitten im Ort steht eine schöne Kirche, erbaut um 1330. Außerhalb des Ortes stehen zahlreiche kleinere Kirchen und Kapellen — Auer Kirche, Antoniuskapelle.

Die Talschaften wurden auch von Seuchen heimgesucht. Davon berichten noch stehende Pestsäulen, die aus dem 15. Jahrhundert stammen.

1. Pestsäule im Ort in der Nähe des SPAR-Geschäftes auf dem Weg nach Scheffsnoth.
2. Pestsäule auf dem Weg nach Scheffsnoth, nach Dorf Au und
3. Pestsäule beim Lenzen-Bauern, Weg Au nach Reith.

Seit dem Jahre 1815 führte Lofer im Verband des Vielvölkerstaates Österreich ein ruhiges und friedliches Leben. Die kargen wirtschaftlichen Möglichkeiten in dem abgelegenen Tal ließen weitsichtige Loferer schon in frühen Jahren mit dem Aufbau des Fremdenverkehrs beginnen. Das unbezahlbare Kapital der schönen Landschaft und der trauten Gemütlichkeit des sauberen Marktfleckens sowie die herzliche und freundliche Art der bäuerlichen Bevölkerung, verbunden mit starkem Traditionsbewußtsein, führten zur allgemeinen Beliebtheit dieses aufstrebenden Fremdenverkehrsortes. Nach dem Vorbeigehen der zwei Weltkriege gibt es nunmehr jährlich zwei „Invasionen" — die der Winter- und die der Sommergäste.

Über den Ort:
— Einwohnerzahl: 1710
— Zahl der Fremdenbetten: 2900
— Auskunft: 5090Gemeinde Lofer, Tel. 06248/208
         Fremdenverkehrsverein Lofer, Tel. 06248/322.

Für den Notfall:
— Gendarmerie Lofer, Tel. 06248/133
— Rotes Kreuz, Tel. 06248/533
— Ärzte: Dr. Schlederer, Tel. 388
     Dr. Pechlaner, Tel. 288
— Fundamt: Gemeinde Lofer
— Bergrettungsdienst, Tel. 06248/273.

Wanderungen von Lofer

● **26 Luischenhäuschen** (neuer Pavillon), 10 Min.

Vom Postamt auf dem Weg zur Loferer Alm zum Häuschen, das von der Ferne sichtbar ist. Schöner Blick über Lofer und das Talbecken.

● **27 Teufelssteg — Bairaupark,** 10 Min.

Von der Ortsmitte in Richtung Salzburg — Bad Reichenhall bis zur Kreuzung. Von der Kreuzung nach etwa 50 m von der Straße abzweigen und nach rechts zum Flußufer absteigen. Die Saalach wird beim Teufelssteg überquert. Nun sanft ansteigend zum Bairaupark. Auf einer kleinen Anhöhe mit Felsen und Rastbank hat man einen schönen Blick über den Flußlauf und auf die darüber thronenden

Loferer Steinberge. Am Flußufer vom Bairaupark entlang in südlicher Richtung. So gelangt man in weiteren 15 Min. zum Hubertussteg und über diesen, am Friedhof vorbei, zurück zum Ortskern.

● **28 Kalvarienberg,** 15 Min.

Vom Marienbrunnen am Marktplatz den hier beginnenden kleinen Seitenweg — genannt Augustenweg — entlang oder auf der Straße zum Schweizerwirt und dort nach 50 m von der Straße rechts abzweigend, vorbei am Schwimmbad und den Eduardsteg zum Haus Peter Stainer. Den hier beginnenden Steig in mäßig steilen Serpentinen aufwärts zur Kalvarienbergkapelle. Von der vermutlich im 16. Jahrhundert errichteten Kapelle hat man einen schönen Rundblick auf das Talbecken und die das Tal umrahmenden Berge. Die einzelnen Bergnamen sind auf einem Metallblech, das auf der Kanzelbrüstung befestigt ist, mit Richtungspfeil eingraviert.

● **29 Ochsenboden,** 30 Min.

Von der Kalvarienbergkapelle in nördlicher Richtung auf den Weg, der auch zur Bräugföllalm führt, ansteigen. Nach etwa 20 Min. zweigt nach links ein schmaler Steig zum Aussichtshäuschen Ochsenboden ab. Herrlicher Blick über Lofer.

● **30 Saalachpromenade,** 25 Min.

Vom Weg zum Teufelssteg vor der Brücke etwa 60 m vorher nach rechts abzweigen und den Weg am Flußufer in Richtung Süden entlang. Schöner, schattiger Spaziergang zum Hubertussteg. Im Abendlicht ist der Blick auf die Reither Steinberge besonders schön.

● **31 Triftsteig,** 45 Min. bis zur Auerbrücke — 90 Min. bis Blankenwirt.

Vom Ortskern in Richtung Salzburg entlang der Straße, am Josefsbrunnen vorbei und nach ca. 100 m rechts abzweigen. Auf schmalem Steig in die Saalachschlucht. Durch die romantische Saalachschlucht den etwas beschwerlichen Weg bis zur Auerbrücke. Weiter am Flußufer entlang bis zu einem Haus. Dort kehren wir wieder zum Flußufer zurück (links), an diesem entlang über einen Seitenbach, den Würmbach und die anschließenden Felder zum Blankenwirt (Postautohaltestelle).

Marienbild am Findlingsstein,
Hochkreuz bei Lofer (alte Straße), R 32

● **32 Alte Straße — Hochkreuz,** 20 Min.

Vom Ortskern zum Josefsbrunnen, entweder über die Bundesstraße in Richtung Salzburg oder auf dem Fahrweg Richtung Loferer Alm, von dem man nach dem Sonnenhof etwa 50 m rechts abzweigt, und dann leicht absteigt. Vom Josefsbrunnen etwa 50 m auf der Bundesstraße, bis links ein breiter Weg beginnt. Links vom Weg ist eine Quelle, der Lampelbrunnen. Leicht ansteigend führt die alte Straße auf eine Anhöhe. Etwa 20 m weiter steht auf einem Findlingstein das Hochkreuz, an dessen Fuß sich ein auf Stein gemaltes Marienbild befindet. Geradeaus führt der Weg zurück zur Bundesstraße oder nach links abzweigend zum Krepperbauern oder zur Faistau. Einen sehr schönen Abstieg bietet der Weg, der direkt am Hochkreuz beginnt und über die Bertapromenade zum Kalvarienberg, weiter über die Löwenquelle und den Bischofsbrunnen (ca. 25 Min.) zurück nach Lofer führt.

● **33 Dorf Au,** 45 Min.

Beliebter Spaziergang. Vom Ortskern auf der nach Salzburg führende Bundesstraße zum Teufelssteg. Vom Teufelssteg mäßig ansteigend zum Bairaupark. Geradeaus weiter, an den Bauerngehöften Vorderbairauer- und Hinterbairauerbauer vorbei zum Waldrand. Über den schattigen Waldweg in wechselnder Folge durch Wälder und über Felder zur Ortschaft Au mit der schönen, dem hl. Antonius geweihten, Kirche. Gasthöfe laden zur Einkehr ein. Zurück kann man den Weg über Scheffsnoth oder zur Bundesstraße zum Hochkreuz wählen.

● **34 Paß Strub,** Freiheitsdenkmal, 35 Min.

Vom Marienbrunnen über den Augustenweg, vorbei am Kinderspielplatz, immer am Bergfuß entlang, bis zu einem Steg, der zur Bundesstraße führt. Etwa 200 m der Bundesstraße entlang, bis an der rechten Straßenseite das Denkmal zur Erinnerung an die heldenhaften Freiheitskämpfe 1800—1809 sichtbar wird.

● **35 Bad Hochmoos,** 30 Min.

Vom Ortskern in Richtung Tirol. Etwa 100 m hinter dem Schweizerwirt nach links von der Straße in die Spenglergasse abzweigen, die Bundesstraße überqueren und weiter den Feldweg entlang zum

Gasthof Hochmoos. Ein weiterer Weg vom Gasthof Lindtner auf der Tiroler Bundesstraße den Wald entlang führt ebenfalls zum Gasthof Hochmoos. Das Heilbad Hochmoos besteht schon seit 1827. Die heilkräftige Wirkung wird besonders bei Gicht- und Rheumaleiden geschätzt.

● **36 Scheffsnoth — Eberlwirt,** 30 Min.

Vom Ortskern zum Teufelssteg, Bairaupark, rechts abzweigen und in Richtung Scheffsnoth oder vom Ortskern in Richtung Friedhof zum Hubertussteg und den anschließenden Feldweg geradeaus nach Scheffsnoth.

● **37 Kneipp-Bad,** 20 Min.

Vom Ortskern in Richtung Tiroler Bundesstraße bis zum Lindtnerwirt. Nun an der linken Straßenseite auf gut gepflegtem Weg hinter den Häusern vorbei zum Kneipp-Bad. Das Kneipp-Bad kann auch mit dem Auto erreicht werden (etwa 150 m nach dem Tennisplatz nach links von der Bundesstraße abzweigen). Die Benützung der Anlagen ist kostenlos, Informations- und Hinweistafeln sind aufgestellt.

● **38 Maria Kirchental über den Wechsel,** 2 Std.

Wie auf Weg R 37 zum Kneipp-Bad; aber nicht zu den Badeanlagen, sondern auf dem Weg entlang bis zum Beginn des Loferer Hochtales. Am linken Talrand (östlich) sanft ansteigend durch den Wald, zuletzt etwas steiler zu einer Kammeinsattelung zwischen Rauchenberg und Schwarzer Wand. Nun den abwärts führenden Weg — Salzburger Steig — hinab zum Wallfahrtsort Maria Kirchental.

Zurück wählt man am besten den Tiroler Steig hinunter zum Gasthof Bad Hochmoos und weiter den durch die Felder führenden Weg zum Ort, den man beim Schweizerwirt erreicht.

● **39 Mayerberg,** 877 , 2½ Std.

Vom Ortskern in Richtung Scheffsnoth über den Hubertussteg zum Eberlwirt. Vom Eberlwirt den breiten Fahrweg vorbei am Knappen- und Zassbauern zu den Auerwiesen, durch die wir kaum steigend zum beginnenden Waldrand gelangen. Den Weg weiter leicht absteigend über mehrere Gräben zur Auerweißbachklause, die über den Fluß führt. Die Anlagen der Auerweißbachklause gehören zu den besterhaltenen Klausen. Sie war bis ins 20. Jahrhundert in Betrieb und diente dem Holztransport der Bayerischen Saalforste zum

Wallfahrtsort Maria Kirchental, R 52, mit Hocheisgruppe im Hintergrund

nahe gelegenen Ort Bad Reichenhall, wo die großen Sudpfannen zur Salzgewinnung standen.

Nun talaufwärts auf der anderen Seite des Tales nach Obermayerberg (Gasthaus, Busverbindung). Von dort nach Mayerberg, weiter über Au, Scheffsnoth oder den Bairaupark zurück nach Lofer. Landschaftlich sehr schöner Weg mit Blick auf die markanten Südabstürze der Reither Steinberge.

● **40 Loferer Alm,** 1500 m, 2½ Std.

Vom Ortskern zum Postamt und weiter den hier beginnenden Fahrweg über Faistau, Loderbichel (halbe Strecke) zur Loferer Alm hinauf. Zwei schöne Gasthäuser, Soderkaser, Haus Schönblick und Hotel Haus Gertraud in der Sonne. Bis hierher kann auch auf der Mautstraße mit dem Auto oder mit den Sesselliften Sektion 1 und 2 gefahren werden. Ein zweiter, sehr schöner Weg führt von Lofer über den Kalvarienberg zur Bräugföllalm. Herrlich gelegener Rastplatz mit Wasserstelle. Die Gföllalm ist auch vom Loferer-Alm-Fahrweg, etwa 30 Min. oberhalb vom Loderbichel links südwestlich abzweigend, leicht erreichbar. Den Almkaser in Richtung Grubhörndl (westlich) verlassen auf anfänglich schlecht sichtbaren Steigspuren (ca. 100 m), dann mäßig steigend zur Joching, einer Einsattelung zwischen Lärchberg und Grubhörndl. Nun in Serpentinen durch Latschenzonen zum Lauffeldkamm.

Wer Lust verspürt, kann von hier aus fast mühelos in 15 Min. das Grubhörndl ersteigen, bevor es in die sanften Mulden und weiten Flächen der Loferer Alm hinuntergeht. Der Rundblick vom Grubhörndl und vom Lauffeld zählt zu den schönsten im unteren Pinzgau. Vom Wilden Kaiser bis zu den Hohen Tauern, von den sanften Chiemgauer Voralpen bis zu den Felsburgen der Berchtesgadener Alpen reicht der Blick.

● **41 Iwonskihütte,** 1120 m, 1½ Std.

Vom Ortskern zur Scheffsnother Brücke entweder über den Hubertussteg oder vorbei am Kaufhaus Färbinger über den Jammersteg zur Bundesstraße, dieser ca. 200 m folgen und dann links abzweigen zur Brücke. Nun am bergseitigen Ufer der Saalach aufwärts. Nach etwa 250 m verlassen wir den breiten Fahrweg nach rechts und gelangen auf einem kleinen Steg zur Dornachau. Am Waldbeginn vom Weg rechts abzweigen und den hier beginnenden Michl-Stainer-Steig über zahlreiche Serpentinen steil empor zum Iwonskihüttchen auf der Gamshörndlhöhe. Schöner Tiefblick auf das Tal von Lofer und zur nahe gelegenen Ortschaft St. Martin. Wer höher will kann auch zur Scheffsnother Alm aufsteigen.

Als Abstieg ist der Weg über die Strowollner Schlucht zu empfehlen, weiter über Schloß Grubhof der Saalach entlang nach Lofer.

● **42 Grubhörndl,** 1747 m, 1 Std.

Vielbesuchte Bergspitze am südlichen Rand des Hochplateaus der Loferer Alm. Von der Loferer Alm leicht ersteigbar. Vom Haus Schönblick den Metzgerbühel queren, über einen Graben hinweg und auf gut markiertem Weg über grüne Almmatten zum Lauffeldkamm. Nun in nördlicher Richtung unterhalb des Kammes auf gutem Steig zum Gipfel. Ein weiterer sehr schöner Anstieg führt über die Bräugföllalm, Joching, Lauffeldkamm zum Gipfel (unter R 40 beschrieben).

● **43 Gföllhörndl,** 1647 m, 3 Std. — nur für Geübte.

Nördlich von Lofer erhebt sich ein markanter Felsturm am östlichen Kammausläufer der Loferer Alm. Der Aufstieg führt zur Bräugföllalm, R 40. Weiter dem Weg zur Joching, ca. 400 m, folgen, dann scharf rechts abzweigen und auf schmalem Steig anfangs mäßig, später steil ansteigend, zu einer begrünten Einsattelung zwischen den Felsabbrüchen des Hochplateaus der Loferer Alm und dem Gföllhörndl. Kurz dem Kamm in Richtung Gföllhörndl folgen, auf- und absteigend über Schotterreißen und Latschenzonen auf die andere Seite (östlich) des Gföllhörndl-Gipfelturmes zu einer weiteren markanten Felsscharte. Hier beginnt nun der schwierige Teil. Über Felsplatten ansteigen (etwa 20 m), nach rechts queren und über ein Felsköpfel nach 8 m auf leichtes Gelände, das nach weiteren 20 m zum Gipfel führt. Sehr schöner Ausblick ins Tal. Mehrere leichte und einige sehr schwere, kurze Kletterrouten führen durch die Felswände zum Gipfel.

● **44 Hundhorn,** 1711 m, 4 Std.

Vom Ortskern nach Scheffsnoth bis zum Eberlwirt. Weiter in Richtung zu den Auerwiesen. Bei einer verfallenen Mühle nach rechts abzweigen, den Bach überqueren und weiter den nun steiler werdenden Weg zur Scheffsnother Alm (mehrere Almhütten — unbewirtschaftet). Über die freien Almflächen auf gut markiertem Weg zum Hundssattel. Von hier aus eröffnet sich der Blick auf die Südabstürze der Reither Steinberge und den Hirschbühel. Nach Westen blickt man durch das Strubtal zu den trutzig dastehenden Felsburgen des Wilden Kaisers. Nahe liegt das mächtige Felsmassiv der Loferer Steinberge und darunter die grünen Matten des Loferer Talbeckens.

Der Hundssattel ist auch noch auf drei anderen Wegen zu erreichen:

a) von Wildenthal über Trisselstein, Beluckensattel,
b) Von Wildenthal über Hundalm oder
c) über Auerwiesen, Kematstein, Jochingalm.

Vom Sattel mäßig ansteigend, nordöstlich den Kamm entlang durch Latschenzonen, einmal leicht absteigend, dann etwas steiler zum Gipfel des Hundhornes, dessen großes Gipfel-Holzkreuz schon von weitem zu sehen ist.

● **45—48** frei für Ergänzungen.

● 49　　　　　　　**St. Martin bei Lofer,** 639 m

Südlich von Lofer gelegener schöner Ort mit ausgesprochen dörflicher Idylle. Die Gründungsgeschichte sagt aus, daß der Ort in der jüngeren Steinzeit von durchziehenden Völkerschaften gegründet wurde. Den Kelten 400 v. Chr., den Römern 15 v. Chr. und den Bajuwaren 400 n. Chr. sind die Gründung und Besiedelung zuzuschreiben. Im Jahre 1080 wird St. Martin urkundlich genannt.

Im Jahre 1190 wird ein Pfarrer namens Heinrich von Soder erwähnt. 1228 n. Chr. kommt der Pinzgau und damit auch St. Martin bei Lofer zu Salzburg. Im Zentrum des Ortes steht die schöne Kirche, deren Turm mit 61 m Höhe der drittgrößte im Land Salzburg ist. Die Kirche wurde um 1480 erbaut. Die Bevölkerung ist keltisch-bajuwarischen Ursprungs und hat bäuerlichen Charakter. Die Höfe sind über den Talboden und über die angrenzende Berglandschaft weit verstreut. Der nahe gelegene Wallfahrtsort Maria Kirchental, in eine Mulde eingebettet in der Ostseite der Loferer Steinberge, erlangte große Bedeutung. Die Kirche wurde von dem bekannten Baumeister Johann Bernhard Fischer von Erlach in den Jahren 1694—1699 erbaut. Der Legende nach wurde sie an jener Stelle errichtet, an der mitten im Winter im dicken Schnee drei Kornähren erblüht seien. Unzählige Votivtafeln berichten von den Danksagungen und Wundern, die Gläubigen widerfahren sind. In der Umgebung sind besondere Naturschönheiten, wie die Strohwollner Schlucht und Vorderkaserklamm zu sehen. Die nahe gelegene Saalach bietet Wildwasser-Kanusportlern Gelegenheit, ihr Können zu prüfen.

Über den Ort:

— Einwohnerzahl: 1029
— Zahl der Fremdenbetten: 1200
— Auskunft: 5092 Gemeinde St. Martin bei Lofer, Tel. 06248/510
— Fundamt in der Gemeinde.

Für den Notfall:

— Gendarmerie Lofer, Tel. 06248/133
— Rotes Kreuz, Tel. 06248/533
— Bergrettung, Tel. 06248/273.

Wanderungen von St. Martin bei Lofer

● **50 Strohwollner Park,** 15 Min.

Vom Dorfplatz der Fahrstraße entlang in südlicher Richtung bis zum Gasthof Luftenstein. Die Bundesstraße überqueren und über die anschließende Brücke über die Saalach zum jenseitigen Ufer. Nach etwa 250 m bei einer Frühstückspension nach rechts in den Park abzweigen. Durch den schattigen Wald bis zu einem Holzsteg. Diesen überqueren wir und folgen dann dem Uferweg flußabwärts zurück zum Gasthof Luftenstein. Sehr schöner schattiger Waldspaziergang ohne Steigungen mit Einblick in die wildromantische Strowollner Schlucht.

● **51 Bad Hochmoos,** 30 Min.

Vom Dorfplatz in nördlicher Richtung bis zum Dorfende. Die Straße nach links verlassen und über den Feldweg durch bunte Wiesen am Zinnauer-Bauern vorbei und zurück auf eine asphaltierte Fahrstraße, auf der wir zum Gasthof Hochmoos (Heilbäder) gelangen.

● **52 Maria Kirchental,** 880 m, 45 Min.

Vom Dorfkern beim Kriegerdenkmal vorbei in westlicher Richtung über den Moosbach zum Berghang. Weiter durch den Wald mäßig steil in Serpentinen oder steiler auf schmäleren Steigen zum Talboden des Kirchentales. Über den ebenen Talboden zu der das Tal beherrschenden Wallfahrtskirche. Auch Autozufahrt (Mautgebühr).

● **53 Wildenthal,** 870 m, 1 Std.

Vom Dorfplatz in südlicher Richtung zum Eingang Strohwollner Park wie auf Weg R 50. Von der Abzweigung an der Frühstückspension den nun steilen asphaltierten Fahrweg ansteigen zu einer Anhöhe, von wo es erst eben, dann leicht fallend, zu einem sich erweiternden Talboden geht. Über den Talboden durch Felder bis zu den ersten drei Gehöften — Wildenthal.

Ein schöner Rückweg führt durch die Wildenthalschlucht und den Strowollner Park zurück nach St. Martin.

Marienaltar im Wallfahrtsort Maria Kirchental bei St. Martin, R 52 ▶

● **54 Strowollner Klamm,** 40 Min.

Vom Dorfplatz in südlicher Richtung bis zum Gasthof Luftenstein. Über die Bundesstraße und die anschließende Brücke auf das jenseitige Ufer der Saalach. Die asphaltierte Straße geradeaus durch die kleine Ortschaft Strowolln und die anschließenden Felder zu einem kleinen Flußlauf. Rechts haltend den Flußlauf aufwärts bis zum Schluchteingang. Auf gut gepflegten Holzsteg-Anlagen durch die Schlucht. Oberhalb der Schlucht links haltend auf einem breiten Weg zurück zum Talboden.

● **55 Vorderkaserklamm,** 2½ Std.

Vom Dorfplatz wie auf Weg R 50 in den Strowollner Park. Nicht zurück über den Holzsteg, sondern geradeaus weiter auf schmalem Feldweg an mehreren Bauerngehöften vorbei bis zu einer Steinbrücke, die zum anderen Flußufer führt. Die Bundesstraße etwa 1 km entlang bis zu einem großen Hinweisschild „Vorderkaserklamm". Bei diesem zweigen wir von der Bundesstraße ab und wandern auf breitem Schotterweg bis zur Jausenstation „Vorderkaser". Von dort geht es bei einem Kassenhäuschen vorbei über einen Holzsteg zum gegenüberliegenden Berghang und diesen in steilen Serpentinen empor zum Klammeingang. Über gut gesicherte Steiganlagen durch die wildromantische Klamm. Die Klamm wurde 1881 durch die bayerische Forstverwaltung und den Deutsch-Österreichischen Alpenverein erstmals zugänglich gemacht. Die Klamm stellt eine alpine Sehenswürdigkeit ersten Ranges dar. Aus dieser Zeit stammt auch die in der Klamm angebrachte Tafel, auf welcher in Stenografie ein Vers aus Schillers „Weltgebäude" zu lesen ist: „Nach einem unbegriffenen Plan ist es mit Kunst gezimmert, doch noch kein Auge schaute den Meister, der es baute."

Bis zur Jausenstation Vorderkaser kann auch mit dem Pkw gefahren werden. Von hier aus können leichte Wanderungen zur Dalsenalm oder auf den Römersattel, den Übergang nach Hochfilzen, unternommen werden.

● **56 Hundalm,** 1200 m, 3 Std.

Auf Weg R 53 nach Wildenthal. Nun die Fahrstraße, immer links haltend, entlang. Vorbei an zwei Bauerngehöften zum Pechtlbauern. Links am Hof vorbei auf schmalem Feldweg ansteigen durch die Felder bis zum Beginn des Waldes (Gattertore schließen). Durch

den anschließenden Wald und über zwei Gräben zu einer freien
Fläche mit dem alten, verfallenen Kaser der Wastl-Voralm. Über
den Almboden leicht ansteigend in den Wald und nun steiler empor
zur Hundalm. Kurz nach Verlassen des Waldes sieht man linkerhand den Gintherr-Kaser. Auf der gegenüberliegenden Almseite
steht der Miggl-Kaser und eine Jagdhütte des Bayerischen Forstamtes. Die Almhütten sind derzeit noch bewirtschaftet (von Juni bis
September-Anfang).

Von der Hundalm kann man ohne Schwierigkeiten über die Auer-Weißbach-Alm und die anschließenden Auerwiesen nach Scheffsnoth — Lofer oder über die Jochingalm, Kematstein nach Lofer
wandern. Wer frühzeitig unterwegs ist, kann auch das Hundhorn
über den Hundssattel ersteigen.

● **57 Mooswacht — Hirschbichl,** 1185 m, 2½ Std.

Vom Dorfkern in Richtung Wildenthal wie auf Weg R 53. Von der
Ortschaft Wildenthal der ebenen Fahrstraße entlang bis zur ersten
Abzweigung. Nun rechts hinab in den Graben (Mühlgraben). Aus
dem Graben an der Kapelle vorbei den breiten Fahrweg (Schranke)
durch den Möserwald bis zu einer Anhöhe, „Bajuwarenweg". Von
der Anhöhe leicht fallend durch den Wald auf ein freies Wiesengelände und an einer Kapelle vorbei zur Grenzstation Mooswacht, wo
ein gut geführtes Gasthaus zur Rast lädt. Der alte Grenzpaß wurde
von der Probstei Berchtesgaden befestigt. Überreste der alten Befestigungen aus dem bayerischen Erbfolgekrieg 1745 sind noch zu sehen. Die nahe gelegene Bindalm auf der bayerischen Seite war
Schauplatz blutiger Fehden, die im Roman von Ludwig Ganghofer
„Der Ochsenkrieg" beschrieben sind.

Überwältigend erheben sich die mächtigen Mauern der Südabstürze der Reither Steinberge, die nicht umsonst die Dolomiten von
Berchtesgaden bezeichnet werden. Wer das Glück hat, die Felsburgen und Zinnen im Alpenglühen zu sehen, wird diesen Eindruck nie
vergessen. Von der Mooswacht aus hat man zahlreiche Möglichkeiten, weiter zu wandern: Über die Laimbichlgräben zur Hundalm,
auf die nahe gelegene Litzlalm, zur Kammerlingalm oder hinunter
nach Weißbach im Saalachtal oder nach Ramsau im Berchtesgadner Land.

● **58—60** frei für Ergänzungen.

● **61**   **Weißbach,** 666 m bei Lofer

Der Gemeindename Weißbach wird geschichtlich erst in jüngerer Zeit erwähnt. Die Vorgeschichte und Gründung reicht vermutlich zurück auf durchziehende Völkerschaften der Kelten und Bajuwaren. In der frühen Zeit werden um 927 n. Chr. das Schiedergut, um 988 n. Chr. das Haggergut genannt. Um 1200 werden das Grammlergut sowie Pürzlbach und die Diesbachgüter erwähnt. Von Weißbach über den Hirschbichl-Paß ins benachbarte Berchtesgaden ist um 1286 ein Saumweg erneuert worden.

Um 1400 verkaufte Probst Erasmus an Konrad Riedherr das Fallegg-Gut. Um 1507 wird als Amänner (Obmann) Hans Öbser, Amman enthalb des Waldes (Oberweißbach) erwähnt. Um 1531 ist in Fronwies ein Vertreter des Pflegers von Lofer, Christoph Holtzlaib, urkundlich erwähnt. Der frühere Name des kleinen Gebirgsdorfes am nördlichen Eingang der Hohlwege war bis etwa 1720 Gerhardstatt. Später wurde der Ort nach dem vom Hirschbichl herabfließenden Bach Weißbach benannt. Der von Bergen eng eingerahmte Ort bietet viele Möglichkeiten zu schönen Tagesausflügen und Wanderungen zu den nahe gelegenen Naturschönheiten. Eine besondere Sehenswürdigkeit ist die Seisenbergklamm, die zu den schönsten Klammen der Alpen zählt. In jüngerer Zeit hat Weißbach als besondere Attraktivität Klettergärten errichtet und alljährlich finden hier sportliche Bewerbe, angelehnt an das russische Vorbild der Wettkletterbewerbe, statt.

Über den Ort:
— Einwohnerzahl: 440
— Zahl der Fremdenbetten: 405
— Auskunft: Fremdenverkehrsverein, 5093 Weißbach, Tel. 06582/25812.
— Fundamt: in der Gemeinde.

Sehenswürdigkeiten:
Ruine Saaleck, Lamprechtsofenhöhle (größte Schauhöhle Österreichs), Seisenbergklamm, Diesbach-Stausee.

Wanderungen von Weißbach

● **62**   **Seisenbergklamm,** 30 Min.

Vom Dorfplatz in nordöstlicher Richtung am Friedhof vorbei zu einem Sägewerksplatz. Auf einer Holzbrücke über den Fluß zum gegenüberliegenden Steilhang. Flußaufwärts zum Klammeingang

Weißbach bei Lofer, R 61, mit Großem Ochsenhorn

(Kassenhäuschen). Auf gut gepflegten Steiganlagen durch die sehenswerte Klamm. An deren Ende kann man durch das nachfolgende Waldstück entweder rechts zur Hirschbichlstraße abzweigen oder geradeaus durch den Wald bis zum Gasthof Lohfeyer aufsteigen.

● **63 Frohnwies — Hackerbauer,** 1 Std.

Vom Dorfplatz in südlicher Richtung am linksseitigen Bergfuß auf gutem Weg nach Frohnwies bis zum Haus Dorner. Die Bundesstraße wird rechts überquert, dann folgen wir flußabwärts der Saalach bis zur Hackerbrücke. Über die Brücke bis zum Hackerbauern und nun den am Bergfuß abwärts führenden Weg bis zum Wieserbauer. Auf der Bundesstraße über die Brücke zurück zum Dorf.

● **64 Pürzelbach,** 1 Std.

Vom Dorfplatz zum östlichen Berghang. Nun steiler ansteigend zu einem, auf einer Anhöhe stehenden Haus, wo sich der Steig mit der Fahrstraße vereint. Dieser folgen wir 500 m, zweigen dann aber nach rechts ab. In steilen Serpentinen aufwärts den rechten Weg durch eine Waldzone und Felder bis zur Jausenstation Fritzenbauer.

Beim Rückweg kann man von Pürzelbach auf einem Querweg zum Gasthof Lohfeyer und weiter durch die Seisenbergklamm oder von der Prechlalm über einen steilen Felsweg nach Frohnwies absteigen.

● **65 Gerhardstein-Rundweg,** 4—5 Std.

Auf Weg R 62 bis zum Gasthof Lohfeyer. Den hier beginnenden Forstweg in mäßiger Steigung über Ebenmais zum Wandbauern und weiter zum Brunnskopf. Ab hier leicht fallend über das Kleberauermahd zum Möserwald. Vorbei an der Forsthütte bis zur Abzweigung „Eibl-Kapelle". Leicht bergab auf die Hirschbichl-Straße und auf dieser zurück zum Gasthof Lohfeyer. Sehr schöner Wanderweg rund um den Gerhardstein mit landschaftlich eindrucksvollen Szenen.

● **66 Lamprechtsofenhöhle, Ruine Saaleck,** 40 Min.

Von Weißbach die Bundesstraße nach Lofer bis zum linksseitig gelegenen Höhleneingang (Jausenstation). Die zu den größten Schauhöhlen Österreichs zählende Höhle ist in ihrer ganzen Länge noch nicht erforscht. Der begehbare Teil ist gut gesichert und beleuchtet und gegen eine geringe Gebühr begehbar.

Von der Höhle geht man der alten Straße entlang bis nach 300 m auf der linken Seite am Waldrand ein Marterl und Wegweiser sichtbar wird. Dem hier beginnenden Weg folgen wir durch den Wald bis wir auf den mächtigen, von einer Felswand abgespaltenen Felsturm treffen. Über die Steiganlagen auf den Felsturm, auf dem heute noch die Ruinen der alten Burg Saaleck sichtbar sind. Von hier aus konnten die Raubritter die durch das Tal ziehenden Händler schon von weitem erblicken und zum Raub ausziehen. Die Felsburg gewährte ihnen einen sicheren Schutz gegen Angriffe.

Pinzgauer Totenläden in Weißbach-Hintertal, R 61

● **67 Diesbach-Stausee,** 1393 m, 3 Std.

Von Weißbach auf Weg R 64 zum Pürzlbach. Am Berghang ansteigen und durch das Weidegebiet zum Wald, durch den es weiter zum Almboden der Kallbrunnalm geht. Nun führt der breite Weg mäßig steigend an Almhütten vorbei zu einem weit sichtbaren Wegkreuz. Von dort fällt er leicht zum Diesbach-Stausee ab. Der Diesbach-Stausee kann auch mit einer besonderen Genehmigung mit Auto oder Taxi erreicht werden.

a) Ein zweiter Anstieg führt durch Hohlwege, über den Diesbach-Steig durch einen markanten Einschnitt in der östlichen Hohlweg-Bergmauer zum Diesbach-Stausee. Nur für Geübte.

● **68 Hochkranz,** 1957 m, 4 Std.

Auf Weg R 67 zur Kallbrunnalm zum Wegkreuz. Vom Wegkreuz in nördlicher Richtung über die sanften Almhänge auf den Grasrücken zum Beginn des Felsaufbaues. Nun beginnt der schwierigere

Teil, der nur geübten Berggehern zu empfehlen ist. Über Platten und latschendurchwachsene Felsstufen auf den Gratrücken und über diesen in abwechslungsreicher Kletterei mit eindrucksvollen Tiefblicken zum Gipfelkreuz. Schöner Rundblick über das Saalachtal und zu den angrenzenden Berggebieten.

- **69—71** frei für Ergänzungen.

- **72** **Saalfelden am Steinernen Meer,** 744 m

Der Ortsname ist eine Zusammenfügung der Beschreibung „Feld am Saalefluß". Der Talboden ist schon in früher Zeit, ca. 1800 v. Chr. von durchstreifenden Jägern besucht und zum Lagerplatz erkoren worden. Funde aus Serpentinstein (Axt) und Gegenstände aus der Bronzezeit (1500 v. Chr.) beweisen die Anwesenheit von Menschen im Tal. Die Festung Biberg bestand schon zur Zeit der Römer (ca. 15 v. Chr.). Um etwa 175 n. Chr. wurde um die Festung eine Ringmauer gebaut. Der Ort nahm nun laufend an Größe zu und um 1495 begannen die ersten Eintragungen in das „Bürgerbuch". In Saalfelden wurde auch schon in früher Zeit ein Pflegamt mit Gerichtssitz eingeführt. Aufgrund der zentralen Lage des breiten Tales konnte sich der Ort ausdehnen. Leider hat man im Ortskern „vergessen", eine zentrale Ortsmitte mit einem weiten Dorfplatz zu schaffen. Obwohl die Kirche sich dazu angeboten hätte, wurde der Ortskern verbaut, so daß außer engen „Gasseln" nichts verblieb.

Die Lage Saalfeldens ist sehr günstig. Im weiten Talbecken umrahmt von den Bergen des Steinernen Meeres im Osten, den sanften Hängen des Hundsteines und Biberges im Süden, überlagert vom Fernblick zu den Gipfeln der Hohen Tauern, begrenzt im Nordwesten von den Leoganger Steinbergen, ist man mitten in der Bergwelt, ohne das Gefühl von Enge ertragen zu müssen. Die umliegenden Ortschaften mit den Endungen -ing lassen eindeutig auf die Besiedelung aus dem bayerischen Raum schließen. Die Bevölkerung ist bayerischen Ursprungs mit bäuerlichem Charakter, nur im Ortskern entwickelte sich ein begüterter Bürgerkern. Der Ort besitzt viele Altertümer — Schloß Dorfheim, Schloß Ramseiden, Schloß Lichtenberg, Schloß Ritzen, Schloß Farmach sowie die Einsiedelei am Palfen. Besonders hervorzuheben sind die im Schoß Ritzen un-

tergebrachte Krippenschau des H. Schäfer und die Pinzgauer Stuben, bestehend aus einer Bauernstube, einer Schlafstube und einer Küche im Originalzustand. Für den Kenner und Heimatliebhaber eine augen- und herzerfreuende Sammlung.

Über den Ort:

— Einwohnerzahl: 11 440
— Zahl der Fremdenbetten: 3 300
— Auskunft: Verkehrsverein, 5760 Saalfelden, Tel. 06582/2513
— Fundamt: in der Gemeinde Saalfelden.

Für den Notfall:

— Gendarmerie, Tel. 06582/133
— Rotes Kreuz, Tel. 06582/144
— Ärzte: Dr. Feichtinger, Tel. 2446
  Dr. Kerlek, Tel. 2440
  Dr. J. Kröll. Tel. 2335 u. a.
— Bergrettungsdienst, Tel. 06582/28905.

Besondere Sehenswürdigkeiten:

Einsiedelei am Palfen, Heimatmuseum Schloß Ritzen, Schloß Ramseiden, Sonnwendbergfeuer.

Wanderungen von Saalfelden

● **73 Ritzensee — Heimatmuseum** (Krippenschau), 20 Min.

Vom Ortskern in Richtung Maria Alm, bis die Straße auf den Urslaubach trifft. 50 m flußaufwärts und über die Brücke auf das andere Ufer. Auf der breiten Straße in südwestlicher Richtung zwischen Häuserzeilen entlang, zuletzt etwas ansteigend zum Heimatmuseum, das im Schloß untergebracht ist. Schöner Blick auf den Ritzensee.

Von hier aus gibt es verschiedene Möglichkeiten, weiterzuwandern: Den Feld- und Wiesenweg auf den Kühbühel, 20 Min.
Zum Fitness-Parcour im Kollingwald, 5 Min.
Im Winter beginnt hier die Langlauf-Loipe, im Sommer lädt der Ritzensee zum Baden ein.

● **74 Einsiedelei am Palfen,** 1 Std.

Von der Ortsmitte in nordöstlicher Richtung zum Friedhof. Weiter über den Weiß-Tessebach-Promenadeweg zum Sportplatz Bürgerau. Nun den breiten Fahrweg, der von der Bundesstraße kommt, bis zu einer Weggabelung. Links über den schmalen Steig zum Schloß Lichtenberg. Von hier den rechten Berghang auf schmalem Pfad ansteigen und zuletzt steil zur Einsiedelei am Palfen. Von der Einsiedelei hat man einen schönen Blick über das weite Talbecken von Saalfelden und nach Süden zu den Hohen Tauern.

● **75 Peter-Wiechentaler-Hütte,** 1752 m, 2½ Std.

Vom Ortskern wie auf Weg R 74 zur Weggabelung Bürgerau, Weiter zum Bachwinkel. Hier beginnt der alpine Anstieg zur Hütte. Durch die Baumzone, später durch Latschen gelangt man in steilen Serpentinen zur weithin gut sichtbaren Hütte auf dem Kienalkopf. Die Hütte ist ein guter Stützpunkt für alle Bergtouren im nordwestlichen Teil des Steinernen Meeres oder für den Übergang über die Weißbach-Scharte auf das Hochplateau des Steinernen Meeres und zum Ingolstädter Haus.

Blick in das Saalfeldner Talbecken, weiter über den Zeller See zu den dahinter liegenden Schnee- und Eisfeldern der Hohen Tauern. Es wird empfohlen, den Aufstieg zur Hütte nicht in der prallen Mittagshitze vorzunehmen.

● **76 Saalachtaler Höhenweg,** 2044 m, 8 Std.

Vom Ortskern mit dem Auto oder mit dem Autobus zur Talstation des Bibergliftes. Nun entweder mit der Sesselbahn zur Bergstation oder über die Feld- und Wiesenwege hinauf. Wie auf Weg R 125 zum Spielberg weiter. Von dort absteigen zur Bahnstation oder mit dem Postautobus zurück nach Saalfelden.

● **77—79** frei für Ergänzungen.

● **80** **Maria Alm**

Idyllisches, kleines Gebirgsdorf, gelegen am Fuße des Steinernen Meeres. Schon in der Kelten- und Römerzeit durchzog ein Saumweg das Tal vom Saalfeldener Becken zum Mitterberg. Das Tal wurde nachweislich um 800 n. Chr. von Bajuwaren besiedelt und gerodet. Die Besitzungen gehörten den Klöstern und Kirchen. Um 1160 werden erstmals die Herren von Almb, einer Seitenlinie der Herren von Laufen und Trübenach, erwähnt. Der Herrensitz Burgstall wird während der Bauernkriege um 1645 eingeäschert. Um 1374 wird erstmals die Alma-Kirche erwähnt. Die Kirche wurde ursprünglich in gotischem Stil erbaut und um 1800 barockisiert. Sie ist mit ihrem 75 m hohen Turm und der einzigartig schönen Spitze ein Wahrzeichen von Maria Alm geworden.

Das Dorf Alm wurde um 1280 erstmals erwähnt und hat als Wallfahrtsort seine Bedeutung erlangt. Besonders hervorzuheben ist die schöne Lage im weiten Talkessel, an den steilen Südabstürzen des Steinernen Meeres in der Nähe des Hochkönigs, dessen Höhenlagen sich bis auf 2900 m bewegen. Im Süden umragen das Dorf die saftigen Hänge der Mittelpinzgauer Grasberge.

Bekannt geworden ist auch die alljährlich stattfindende Wallfahrt von Maria Alm über das Steinerne Meer nach St. Bartholomä. Die Wallfahrt geht auf ein Gelübde aus der Pestzeit zurück. Das Klima ist ausgesprochen günstig, denn durch die umgebenden Berge ist der Ort vor rauhen Winden weitgehend geschützt.

Über den Ort:
— Einwohnerzahl: 1480
— Zahl der Fremdenbetten: 3000
— Auskunft: Fremdenverkehrsverein, 5761 Maria Alm
   Tel. 06584/316
— Fundamt in der Gemeinde.

Für den Notfall:
— Rotes Kreuz Maria Alm, Tel. 06582/144
— Ärzte im Ort, Tel. 06584/400
— Gendarmerie, Tel. 06582/133.

Ein besonderes Erlebnis stellt das Sonnwend-Bergfeuer im Steinernen Meer (Juni), das Jakobi-Rankeln am Hohen Hundstein (Juli) und die Wallfahrt mit der örtlichen Musikkapelle über das Steinerne Meer nach St. Bartholomä (August) dar.

Wanderungen von Maria Alm

● **81 Kronreit, Rohrmoos,** 2 Std.

Vom Ortskern über den Krallenbach. Weiter auf dem Feldweg vorbei an einer Kapelle zum Dürrnberg (Weg Nr. 15). Vom Dürrnberg nach Kronreit (Jausenstation). Von Kronreit leicht absteigend zum Griesbach, über diesen hinweg und auf Weg Nr. 14 nach Rohrmoos (Gasthaus). Vom Gasthaus Rohrmoos entlang am nördlichen Ufer des Krallenbaches (Weg Nr. 13) zurück nach Maria Alm.

● **82 Lechner Alm,** 1320 m, 2½ Std.

Vom Ortskern auf der Gemeindestraße, den Krallenbach flußaufwärts, bis zum Gasthof Rohrmoos. Von hier auf Weg Nr. 427 zur Lechner Alm. Wer noch genug Kraft hat, kann den nahe gelegenen Braggstein (1823 m) in 1 Std. ersteigen.

Einsiedelei am Palfen in Saalfelden am Steinernen Meer, R 74 ▶

Von der Lechner Alm zurück auf Weg Nr. 427 zu Weg Nr. 8 und auf der Gemeindestraße zum Krallenbach.

- **83 Natrun, Jufen,** 3 Std.

Vom Ortskern zur Talstation des Natrun-Sesselliftes. Weiter auf Weg Nr. 5 zur Bergstation Natrun (1050 m). Von dort über den Wanderweg durch Wald und Weidezonen mäßig steigend zum Natrun-Gipfel (1253 m, Weg Nr. 6). Vom Gipfel leicht absteigend zum Jufen (Gasthof). Nun entweder zurück auf Weg Nr. 10 zum Krallenbach oder besser auf Weg Nr. 11 zum Gasthof Waldhaus und auf dem Gemeindeweg nach Maria Alm.

- **84 Handlerhof,** 1 Std.

Vom Ortskern in Richtung Hinterthal. Auf dem Güterweg flußaufwärts entlang der Urslau bis zum Gasthof Unterberg. Von dort führt der Weg Nr. 19 über Eberlalm zum Gasthof Handlerhof. Nun geht es in Richtung Urslau über Gasthof Anderl und Gasthof Bachschmied zur Bundesstraße und auf dieser zurück nach Maria Alm.

- **85 Schwalbenwand,** 2011 m, 4 Std.

Vom Ort in südwestlicher Richtung, die Bundesstraße überqueren und auf Weg Nr. 2 zum Gasthof Unterreit. An der Weggabelung vor dem Gasthof über Feld- und Waldweg Nr. 446 weiter hinauf über Thorlehen, Brandstatthof, Hofer Plattl und über den Brunnkopf zur Schwalbenwand. Vom Gipfel hat man einen schönen Rundblick über die Süd- und Westabstürze des Steinernen Meeres, das Saalfeldener Talbecken hin zu den Südabstürzen der Leoganger Steinberge und zu den mächtigen Bergaufbauten der Hohen Tauern. An warmen Tagen Getränke nicht vergessen!

- **86 Hundstein,** 2116 m, 4½ Std.

Vom Ortskern wie auf Weg R 84 zum Gasthof Unterberg. Der Gemeindestraße etwa 15 Min. folgen bis zur Abzweigung, wo auf der rechten Seite Weg Nr. 445 beginnt. Nun auf Weg Nr. 445 über die Eberlalm, Christenreit, Neukaser durch Wald und Weidezonen mäßig ansteigend zum Hundstein. Am Gipfel des Hundsteines befindet sich das Statzerhaus (bewirtschaftet). Der Hundstein ist bekannt durch das jährlich stattfindende Preisrangeln auf seinem Gipfel. Darüber hinaus zählt er zu den schönsten Aussichtsbergen des Saalfeldener Talbeckens.

- **87—89** frei für Ergänzungen.

2. Das Strubtal

● **90** Es zweigt in Lofer vom Saalachtal ab und begrenzt die Loferer Steinberge nach Nordnordwest.

Der Hauptort des Tales ist Waidring. Im Osten bildet der Paß Strub den Übergang von Salzburg nach Tirol. Er erlangte geschichtliche Bedeutung durch die heroischen Verteidigungsschlachten der Salzburger und Tiroler gegen die Franzosen und Bayern 1800—1809. Denkmäler und Ruinen berichten davon. Rotmarmorne Grenzsteine von 1606, im Volksmund „Schwammerlinge" genannt.

Durch das Tal fließt ein Bach, der mehrere Namen trägt: an seinem Ursprung im Pillerseetal, vor dem Pillersee, wird er Griesbach genannt, vom See ab bis Waidring Haselache, ab Paß Strub Strubache und ab Landesgrenze Loferbach bis zur Eimündung in die Saalach.

Entfernungen: Lofer — Waidring 10 km — St. Johann (Bahnstation) 15 km.

Verkehrswege: Durch das Tal führt die Bundesstraße und Europastraße E 17.

● **91** **Waidring in Tirol,** 781 m

Schmuckes Tiroler Gebirgsdorf nahe der Landesgrenze zwischen Tirol und Salzburg am Übergang des Passes Strub. Urkundlich im Jahre 1150 n. Chr. als „Waitharingen" erstmals genannt. Die Grundherren wechselten in der Folgezeit wegen der nahen Grenzlage öfter. Um 1160 als Raststation für Fuhrleute und Pferdeboten zwischen den Orten Salzburg und Innsbruck genannt. Auch die alte Salzstraße führte durch die Ortschaft. In späterer Zeit wurde es Station der Taxisschen Postlinie.

Die Bevölkerung ist keltisch-bajuwarischen Ursprungs mit ausgeprägtem bäuerlichem Charakter.

Am **Paß Strub** tobten in den Jahren 1805—1809 die Freiheitskämpfe gegen die vielfache Übermacht der Bayern und Franzosen. Trotz heldenhafter Gegenwehr konnte der Feind nicht aufgehalten werden. Zum Gedenken an die tapferen Schützen wurden Denkmäler am Paß Strub, in Waidring und auf dem Dorfplatz in Lofer errichtet.

Inmitten des Dorfzentrums wurde um 1478 die neue **Kirche** erbaut. Die Kirche blieb bis zum Ende des 19. Jahrhunderts in ihrem ursprünglichen Stil erhalten und wurde dann, da man am Rokoko wenig Gefallen fand, übermalt. Erst 1950 wurden die ursprünglichen Fresken wieder freigelegt. Die Kirche zeigt sich als mächtiger Bau unter einem hohen Walmdach. Drei barocke Steinportale führen in das Innere. Der Turm trägt eine zierliche Doppelhaube. Der Hochaltar besteht aus viereckigen, sich nach oben verjüngenden Basen. Die vergoldeten Kapitäle werden in der Mitte von Rokoko-Schnörkeln getragen. Zuhöchst vereinigt sich alles in der luftigen Zackenkrone mit vergoldetem Bügel und einem Kreuz über dem Kronenknauf. Der Altar ist eines der wenigen, selten gut gelungen Beispiele eines Baldachinaltares aus der Rokoko-Zeit. Besonders zu erwähnen ist auch das Geläute, gespendet im Jahre 1938 von einem deutschen Gönner, das mit dem Glockennamen „Deutschland", „Heimat", „Friede", „Glaube" und „Liebe" zu den schönsten und bedeutendsten Tirols zählt.

Nahe am Dorf vorbei fließt einer — von der Namensgebung her — der eigenartigsten Bäche. Er weist von seinem Ursprung bis zum Einmünden in die Saalach vier verschiedene Namen auf: Griesbach, Haselach, Strubache, Loferbach.

Das alte **Brauchtum** ist noch gut erhalten. In der Zeit zwischen 21. Dezember und 6. Januar werden die Rauhnächte begangen. Es ist die heiligste Zeit des Jahres. Die Hl. Drei Könige ziehen von Haus zu Haus. Auch das Schemenlaufen in der Fastnachtszeit ist altes Brauchtum. Es versinnbildlicht den Kampf der Rauhgesellen des Winters mit den lustigen und leichten Gestalten des Frühlings. Geblieben ist auch der uralte Brauch des Wetterläutens, des Wetterschießens und des Tragens von Prangerstangen am Palmsonntag zu den feierlichen Kirchenumzügen.

Aus der **Sagenwelt** ist zu berichten, daß rund um die Kammerköhr Teufel, Hexen und Verbannte hausten, Almgeister durch die Luft huschten und liederliche Burschen und Mädchen zur Rechenschaft zogen. Auch soll auf der Kammerköhr eine Quelle gesprudelt ha-

Tiroler Bauernhof im Blumenschmuck, Waidring in Tirol

ben, deren Wasser Goldkörner unter bestimmten Voraussetzungen an besonders gute Menschen an die Oberfläche spülte.

Im sagenumwobenen Pillersee lebte eine wunderschöne, in allen Farben schillernde Schlange, die — trotz der Warnungen der Bauern — einst von drei Rittern mit Booten gefangen werden sollte. Zwei der Ritter stürzten bei dem Versuch in den See und ertranken. Der Dritte fing die Schlange und hielt sie auf seiner Burg gefangen. Am Jahrtag des Fanges wollte der Ritter dem Tier einen Leckerbissen bringen. Da verwandelte sich die Schlange in eine wunderschöne Jungfrau, die ihm die Hand zum Ehebunde reichte.

Eine andere Sage berichtet vom Werden des Pillersees. Der Talboden war gesegnet mit reichen Gütern. Die dort lebenden Bauern haben in ihrem Übermut Gott gelästert. Zur Strafe quoll eines Tages Wasser aus der Tiefe und verschlang die Frevler mit Haus und Hof. Nur ein Spielmann und eine Sennerin blieben verschont. Der Spielmann wurde, auf einem Stuhl sitzend, von den Wellen ans Ufer getragen, während die Sennerin, auf dem Rücken eines Stieres sitzend, durch die Fluten schwimmend sicher das Land erreichte. Noch heute kann man zu geeigneter Stunde das Fiedeln des Spielmannes und das Klingeln der Glöcklein hören. Wiederum zu anderen Zeiten brüllt („pillt") der See auf und kündigt aufkommende Unwetter an.

Über den Ort:

— Einwohnerzahl: 1240
— Zahl der Fremdenbetten: 1250
— Auskunft: Fremdenverkehrsverein Waidring, Tel. 05353/242.

Für den Notfall:

— Gendarmerie Waidring, Tel. 05353/204
— Arzt: Dr. Karl Gleirscher, Tel. 05353/216
— Fundbüro im Gemeindeamt, Verkehrsbüro.

Wanderungen von Waidring

● **92 Schäferau-Kapelle,** 800 m, 35 Min.

Vom Ortskern der Landesstraße Richtung Lofer bis zur Abzweigung Bundesstraße nach Unterwasser folgen. Rechts abzweigen und über Felder und Wiesen zur Schäferau-Kapelle. Von der Kapelle weiter rechts haltend dem Weg bis zu einer Gabelung folgen („an der Elfenwiese"). Nun rechts den Berghang talauswärts, vorbei am Lodenwalchgut zur Hackenschmiede und zurück ins Dorf.

● **93 Gasthof Strub,** 45 Min.

Vom Dorfkern in Richtung Lofer zum Freizeit-Zentrum. Weiter Richtung Bundesstraße zur Haselache gehen und am rechten Flußufer dem Wanderweg über Hausstatt zum Gasthof Strub folgen. Zurück über die alte Landesstraße oder besser von der Landesstraße beim Ascherbauer links abzweigen und über Seisenbachquelle, Brunnbach nach Unterwasser und den letzten Kilometer auf der alten Landesstraße zum Dorf.

● **94 Talsenalm,** 957 m, 1½ Std.

Vom Dorfkern zur Pfarrkirche. Hinter der Kirche zu einem Brunnen aufsteigen. Nun den Berghang in mäßiger Steigung, zuletzt abstei-

Türkenmadonna von Waidring in Tirol

gend queren zur Weißbachschlucht. Am rechtsseitigen Flußufer flußaufwärts zum Berggasthof Talsenalm. Als Rückweg wird der Weg über den Krinnsattel (977 m), Hausberg (1122 m) nach Winkl oder Krinnsattel, Vogeltenn, Auergasse nach Waidring empfohlen.

● **95 Heigenhausalm** (1060 m) und **Haselbachalm,** 2 Std.

Vom Dorfkern, Richtung Freizeit-Zentrum über die Bundesstraße B 312. Am nordseitigen Berghang über einen Waldweg zur Elmbachquelle und zum Elmbachloch. Mäßig ansteigend zur Heigenhausalm (Almhütten). Von der Alm Richtung Bundesstraße zu einer Weggabelung absteigen. Links abzweigen durch den Wald und weiter am Feldrand entlang zur Haselbachalm. Den Feldrand am Almboden entlang bis zu einer Brücke, über die man zum Gasthof Strub gelangt. Nun zurück den Haselbach entlang oder wie auf Weg R 93 zum Dorf.

● **96 Kirchberg,** 1678 m, 2½ Std.

Vom Dorf in Richtung Pillersee der Landesstraße entlang bis zum Eingang der Weißbachschlucht, durch die es über Gasthof Weißbach auf die Leitstallenalm hinaufgeht. Von der Weißbachschlucht kann man auch über den Berggasthof Talsenalm zur Leitstallenalm gehen. Von der Leitstallenalm auf breitem Weg zur Raineralm, nun steiler bergan zu einer Weggabelung. Der linke Weg leitet uns zur Hochbreitaualm. Vom Almboden aufwärts durch Schrofen und latschendurchwachsene Zonen zum Gipfel. Als Abstieg kann man den Weg über Gasthof Adlerspoint, Kirchdorf oder über den Schafelberg, Rechensaualm, Rechensauhöfen, Weißbachhöfen zum Dorf nehmen.

● **97 St. Ulrich am Pillersee** (Rundwanderweg), 6 Std.

Von Waidring entlang der Landesstraße Richtung Pillersee bis zum Eingang Weißbachschlucht. Die Landesstraße rechts verlassen und bei der ersten Weggabelung links zu den Weißbachhöfen abzweigen. Weiter zum Gasthof Weißbach. Vorbei an einer Kapelle, durch Wiesen und Waldzonen, zuletzt leicht absteigend zum Gasthof St. Adolari. Der Weg führt nun am Berghang hinter dem Gasthof am Feldrand entlang in einen schütteren Wald. Weiter zum Gasthof Fischer am Pillersee und über die Brunnerau nach St. Ulrich. Vom

Baldachinaltar in Waidring ▶

Dorfkern in Richtung Loferer Steinberge an das östliche Ufer des Pillersees. Dabei überqueren wir mehrere Bächlein. Nun wandern wir talauswärts bis zur Landesstraße am Beginn der Teufelsklamm etwa 200 m an der Straße entlang und den hier beginnenden Weg über Peiting, Schöttlbauer, dann leicht absteigend nach Lodenwalch und über die Hackerschmiede zurück zum Dorf.

● **98 Steinplatte,** 1869 m, 3½ Std.

Vom Dorf Richtung St. Johann der Landesstraße entlang über die Bundesstraße B 312 bei der Schredergasse (Tankstelle). Durch die Schredergasse bis zur Mautstelle. Oberhalb der Mautstelle die Straße nach rechts verlassen. Auf schmalem Steig durch den Grünwaldgraben zur Grünwaldalm. Später folgen wir bei einer Weggabelung dem rechten Weg. Oberhalb der Stallenalm durch eine felsdurchsetzte Zone auf die breiten Weideflächen des Nordhanges der Steinplatte. Über diese zum Gipfel (Gipfelkreuz).

Man kann aber auch über die Mautstraße bis zum Gasthof Steinplatte (großer Parkplatz) mit dem Auto fahren und von dort auf breitem Weg, vorbei an der Stallenalm und am bekannten Grenzstein (roter Marmorsteinpilz) zur Kammerköhralm aufsteigen. Von der Kammerköhralm über die Weideflächen an der rechten Begrenzungsseite zum Gipfel.

● **99 Fellhorn,** 1765 m, 2 Std. vom Gasthof Steinplatte.

Auf Weg R 98 zum Gasthof Steinplatte. Knapp oberhalb des Gasthofes den linken Weg über Brennhütte nach Durchkaseralm gehen. Den nun schmäler werdenden Weg unterhalb des Bethenbühels, Markkogels, vorbei an einer Jagdhütte, über den Lahnerkogel zur Hochtrittalm. Von hier zur Eggenalm (Straubinger Haus) und weiter über die Almböden zum Fellhorn ansteigen. Schöner Tiefblick in das Waidringer Tal und zum Wilden Kaiser.

● **100** frei für Ergänzungen.

Das Pillerseetal

● **101** Bildet die westliche Begrenzung der Loferer Steinberge. Ausgehend von Waidring führt das Tal in südlicher Richtung nach St. Adolari am Pillersee (pillen = brüllen; Naturphänomen mancher Alpenseen, die durch dumpfes Grollen einen Wettersturz anzeigen), weiter nach St. Ulrich, St. Jakob und Fieberbrunn. Der landschaftlich sehr schön gelegene Pillersee und die hier bedeutend schroffer erscheinenden Loferer Steinberge beherrschen das Tal. Es vermittelt auch die Süd- und Westanstiege in die Loferer Steinberge.

Entfernungen: Waidring — Adolari 3 km — St. Ulrich 3 km — St. Jakob 4 km — Fieberbrunn 4 km.

Verkehrswege: Durch das Tal führt die Bundesstraße zweiter Ordnung Nr. 91.

● **102** St. Jakob im Haus, 855 m

St. Jakob im Haus ist geschichtlich direkt mit der Besiedlung des Ortes Fieberbrunn verbunden. Der Ort zählt im Winter zu den schneesichersten Gebieten Tirols. Im Sommer stehen dem Gast zahlreiche Wanderweg zur Verfügung. In St. Jakob i. H. steht das Geburtshaus von Christian Reithmann, dem Erfinder des Gasmotors.

Über den Ort:
— Einwohnerzahl: 471
— Zahl der Fremdenbetten: 646
— Auskunft: Fremdenverkehrsverband, 6391 St. Jakob im Haus, Tel. 05354/8159.

Für den Notfall:
— Gendarmerie, Tel. 05352/133
— Bergrettungsdienst
— Fundamt in der Gemeinde, Tel. 05354/8150.

Wanderungen von St. Jakob im Haus

● **103 Panoramaweg nach St. Ulrich,** 1 Std.

Von der Kirche die Dorfstraße in südwestlicher Richtung, vorbei an der Post, zu einer Weggabelung. Rechts über die Felder zum Waldrand. Vor Beginn des Waldrandes rechts abzweigen auf einen schmalen Wanderweg, der oberhalb der Felder und unterhalb des

Waldsaumes in fast horizontaler Richtung um den bewaldeten Berghang nach St. Ulrich führt.

● **104 Schartenalm,** 1330 m, 3½ Std.

Wie auf Weg R103 zur Weggabelung, jedoch nicht rechts abzweigen, sondern geradeaus weiter bis zum Gasthof „Bergheim". Den Weg weiter über die anschließenden Felder bis zur Ortschaft Sanharten. Dem breiten Güterweg folgen, leicht ansteigen, vorbei an zwei Weggabelungen zu einer dritten Weggabelung. Nun rechts im schwach erkennbaren Graben auf breitem Güterweg zum Tennhäusl. Der hier beginnende Höhenweg über Felder und Weidegebiete führt erst sanft, dann steiler ansteigend zur Schartenalm. Als Abstieg wird der Weg über die Lehrbergalm empfohlen.

● **105 Lehrbergalm,** 1260 m, 2 Std.

Vom Ort wie auf Weg R 103 bis zur Abzweigung Panoramaweg. Nun nicht rechts abzweigen, sondern den breiten Güterweg aufsteigen und durch den Waldsaum leicht ansteigend bis zu Weideflächen, über die wir den muldenartig ausgebildeten Graben erreichen und in weiten Serpentinen auf die Lehrbergalm steigen.

● **106 Buchensteinwand,** 1462 m, 2 Std.

Von der Dorfkirche auf der Bundesstraße, vorbei am Sportplatz zur Naturrodelbahn. Der Aufstieg führt über den hier beginnenden Buchensteinwandweg zuerst über Felder, durch baumbewachsene Zonen und Weideflächen, vorbei an Kaserstätten zum Gipfel (Bergstation Sesselliftbahn, Gasthof). Schöner Rundblick ins Pillerseetal, zu den Loferer und Leoganger Steinbergen und hin zu den Hohen Tauern im Süden.

● **107—109** frei für Ergänzungen.

● **110 St. Ulrich am Pillersee,** 835 m

Idyllisches kleines Dorf an den Westabstürzen der Loferer Steinberge, gelegen am klaren forellenreichen Gewässer des Pillersees. Der **Pillersee** gibt dem Dorf und dem Tal sein Gepräge. Zahlreiche Sagen von wundertätigen Schlangen oder dem Aufbrüllen des Wassers (Pillen) umranken den Ort. Der heutige Ortsname wurde von der Kirche abgeleitet, die dem heiligen St. Ulrich geweiht ist. Frühere Namen „Nuarach" bzw. „Nurach" werden in Chroniken um 944 erwähnt. Der Ort wurde in seiner Vorzeit wegen seiner Bärenjagden gerühmt. Die Bevölkerung ist keltisch-bajuwarisch.

Die ersten sicheren Jahreszahlen für die Kirche von Adolari datieren auf das Jahr 1407 zurück. Um 1788 wurde die Kapelle als überflüssig geschlossen und versteigert. 1832 konnte sie jedoch wieder dem Gottesdienst übergeben werden. Die einst beliebte Wallfahrtskirche wird nur mehr am 8. Mai an den Bittagen von der Bevölkerung besucht. Den Stolz des Kirchleins aber bilden die 1957 freigelegten **Wandmalereien.** Sie stellen den größten gotischen Marienzyklus Nordtirols dar. In reicher Dekorationsmalerei zeigen 34 Bilder Szenen aus dem Leben der Mutter Gottes.

Die Pfarrkirche von St. Ulrich wird um 1151 erstmals erwähnt. Um 1751 werden von dem berühmten Maler Simon Benedikt Faistenberger die Deckenfresken neu gestaltet. Der Hochaltar stammt in seinem Aufbau aus der Pfarrkirche Kaprun, ein Werk im Lauf-Bandel-Stil von 1736. Die thronende Madonna ist eine Arbeit des

Pillersee mit St. Ulrich, R 97, im Hintergrund der Buchenstein, R 152, mit Wildseeloder, R 153

Saalfeldener Schnitzers Daniel Mayr um 1740 und stand ursprünglich in der Kirche St. Martin bei Lofer. Der kleine Josefs-Altar um 1740 stammt aus der ehemaligen Kapelle beim Gasthaus Sebi aus Niederndorf. Die Merkmale lassen den Bau der Kirche der letzten bayerischen Dorfbaukunst aus der Gotik zuordnen.

Die Gründung von St. Ulrich geht ebenfalls laut geschichtlicher Überlieferung auf die Familie Pillau im Jahre 945 n. Chr. zurück. Im Jahre 1055 wurde das Tal von einer Seuche heimgesucht. Die Ortschaft gehörte im 11. Jahrhundert zum Besitz des Pfalzgrafen von Rott am Inn. Die Besitzfolge gleicht der der Ortschaft Fieberbrunn. Erst 1238 kam sie zum Kloster St. Szeno in Reichenhall und wurde in weiterer Folge der Erzdiözese Salzburg einverleibt. Die Bauern waren lange Zeit Leibeigene und mußten Zins an die Herren abgeben. Das gesamte Jagd- und Fischrecht gehörte den Äbten. Nach dem 2. Weltkrieg wurde der Fremdenverkehr als willkommene Einnahmensquelle stark gefördert. Heute besitzt der Ort schöne Freizeitanlagen und vorbildliche Wintersportmöglichkeiten. Die herrliche Landschaft, abseits der lärmerfüllten Straßen, trägt zur Beliebtheit des Ortes bei.

Über den Ort:
— Einwohnerzahl: 960
— Zahl der Fremdenbetten: 1700
— Auskunft: Fremdenverkehrsverband, 6393 St. Ulrich am Pillersee, Tel. 05354/8192.

Für den Notfall:
— Bergrettungsdienst
— Wasserrettung St. Ulrich
— Gendarmerie
— Fundamt in der Gemeinde.

Wanderungen von St. Ulrich am Pillersee

● **111 Rund um den Pillersee,** 2 Std.
Vom Hallenbad in Richtung Loferer Steinberge über das Moos auf die östliche Seite des Pillersees. Am Seeufer entlang durch schütter bewachsene, sanft geneigte Hänge, bis der See in einen, von beiden Seiten mit Schilf eingegrenzten schmalen Flußlauf übergeht. Dem ostseitigen Flußufer folgen, bis der Weg auf die Bundesstraße einmündet. Auf der Bundesstraße auf das andere Flußufer und zurück zum gut sichtbaren Gasthof Adolari. Vom Gasthof über den Feldweg den Berghang aufsteigen und den Panoramaweg entlang zurück nach St. Ulrich.

● **112 Weißleiten,** 1 Std.

Von St. Ulrich der Bundesstraße entlang in Richtung St. Jakob im Haus. Nach Überqueren eines Flüßchens die Bundesstraße links verlassen, vorbei am Ferienheim „Neue Heimat", auf dem Waldweg zum Stelzerhof. An der Weggabelung vor dem Stelzerhof folgen wir dem breiten Fahrweg nach Weißleiten. Von hier den Feldweg am Berghang entlang nach Hals, dann den Güterweg in Richtung St. Ulrich über Schwendt und Schartental zum Ausgangspunkt.

● **113 Adlerspoint, Gerstbergalm,** 1500 m, 2½ Std.

Vom Dorfzentrum in westlicher Richtung, vorbei am Lacknerhof zur Talstation des Schleppliftes und linkshaltend in den Kalktalgraben. Hier den rechtsseitigen Berghang über die Steinerne Stiege steil ansteigen, dann auf einem Waldweg zurück in den oberen Teil des Kalkgrabens. Nun sanfter ansteigend durch den weiter werdenden Kalktalgraben durch Weide- und Waldzonen zur Gerstbergalm. Vorbei an Kaserstätten in westlicher Richtung über den Almboden nach Adlerspoint (Kapelle, Gasthof). Von der Gerstbergalm aus kann auch in etwa 30 Min. auf gut markiertem Steig der Kirchberg (1679 m) erstiegen werden. Schöner Rundblick in das St. Johanner und Pillerseetal und zu den Felsburgen der Loferer und Leoganger Steinberge und zum Wilden Kaiser.

● **114 Teufelsklamm,** 1 Std.

Von St. Ulrich auf der Bundesstraße nach St. Adolari oder wie auf Weg R 111 zur Brücke über die Pillerseeache (Grießbach). Am ostseitigen Brückenende nach rechts über eine Schotterreiße ansteigen und auf gut markiertem Weg zur Teufelsklamm. Vom oberen Ende der Teufelsklamm kann man nach Waidring weiterwandern oder zur Adolarischarte (nur für Geübte) ansteigen. Empfehlenswert ist der Rückweg zum Dorf in Verbindung mit dem Pillersee-Rundweg (R 111).

● **115 Niederkaser,** 1410 m, 2½ Std.

Von St. Ulrich über das Schartental und Schwandt nach Hals. Auf breitem Güterweg nach links abzweigen und vorbei am Halsbauern zum Beginn des Schmiedgrabens (Schranke). Dem breiten Güterweg folgen bis zu einer Holzknechthütte. Etwa 300 m nach dieser Hütte nach rechts auf schmalem markierten Steig in steilen Serpentinen durch eine schüttere Waldzone auf eine Anhöhe (Almgatterl). Den hier beginnenden Almboden leicht ansteigend queren, bis man in einen Graben gelangt. Vom Graben leicht ansteigend zu den gut sichtbaren Almhütten des Niederkaser. Von hier kann in Richtung Hirschbadsattel zum Rotschartel in den Loferer Steinbergen aufgestiegen werden (nur für Geübte) oder östlich talabwärts zur Vorderkaserklamm weitergewandert werden. Diese Wanderung führt durch einsame, wenig begangene Berg- und Waldgebiete mit schönen Einblicken in die Südabstürze der Loferer Steinberge.

● **116—117** frei für Ergänzungen.

Allein im tosenden Wasser der Saalach

4. Das Leoganger Tal

● **118** Begrenzt die Südseite der Leoganger Steinberge.

Talorte: Leogang, Hütten, Grießen, Hochfilzen.

Durchflossen wird das Tal von der Leoganger Ache, die bei Saalfelden in die Saalach mündet. Das Tal ist verkehrsmäßig gut erschlossen.

Bedeutung erlangte es durch die Auffindung von Bodenschätzen und deren Erschließung durch den Bergbau: Kupferkies, Fahlerz, Bleiglanz, Kobalterz, Silber, Nickel und Magnesit. Es ist günstigster Ausgangspunkt für alle Touren an der Südseite der Leoganger Steinberge.

Entfernungen: Saalfelden — Leogang 5 km — Hütten 3 km — Grießen 4 km — Hochfilzen 5 km.

Verkehrswege: Durch das Tal führt die Bundesstraße zweiter Ordnung Nr. 61.

● **119** **Leogang,** 797 m

Schön gelegener **Luftkurort** am Fuße der Südabstürze der Leoganger Steinberge. Der Ort wurde sehr früh bekannt durch seine Bodenschätze, deren Ausbau heute noch, wenn auch in geringem Maße, betrieben wird (Magnesit). Zahlreiche **Mineralien** sind in der näheren Umgebung zu finden (Zinnober-Kristalle, Kobaltblüte, blaue Lazulithe, schneeweiße Aragonite, Kupferkies, Bleiglanz und rosarote Erythrinstücke. Die schöne, dem St. Leonhard geweihte **Barockkirche** wurde 1754 erbaut. Es ist eine der wenigen Kirchen, an denen die Kettenumspannung noch zu sehen ist. Das seltene Motiv der Kettenumspannung findet sich nur bei Leonhardkirchen und gehört zu der Gruppe der das Böse abwendenden Symbole. Das abwehrstarke Material Eisen eignet sich gut zur Darstellung der magischen Kraft. Die Ausstattung der Kirche entstand nach 1745, ausgenommen das mächtige Kruzifix aus dem Jahre 1520. Den Hochaltar erstellte der Tischlermeister aus Maria Alm, Veit Häusl, um 1754. Als besonderen Schatz beherbergt die Kirche eine Glocke aus dem Jahre 1486.

Man nimmt an, daß bereits in der Bronzezeit Siedlungen in Leogang gewesen sind. Die Hauptfestung der Ambisonter im Nähe des Biberges läßt darauf schließen. Aus der Römerzeit wurde eine Bronzemünze von Kaiser Probus 276 n. Chr. gefunden und läßt auf die Anwesenheit von Römern schließen. Urkundlich wird der Ort um 930 n. Chr. erwähnt. Um 1200 n. Chr. sollen am Permooseck-Gunzenreit die ersten Bergwerke entstanden sein. Um 1425 werden die Bergwerksbauten im Schwarz-Leograben erwähnt. In Leogang wurde Silber, Kupfer, Nickel und Kobalt abgebaut. Die alten Bergwerksstollen, der Daniel-, der Erasmus- und der Barbarastollen werden noch heute von zahlreichen Mineraliensammlern besucht. Der Ort war auch als **Heilbad** der Salzburger Erzbischöfe bekannt. Die Eisenquelle mit Aluminiumgehalt soll eine heilende Wirkung gegen Leiden wie Katarrh, Nerven, Gicht und Rheuma haben. Der bayerische Staat besitzt in der Gegend von Leogang noch 2200 ha Wald zur Nutzung als Gegenleistung für den Salzabbau am Dürrnberg bei Hallstein.

Der aufstrebende Fremdenverkehrsort hat schöne Freizeitanlagen für den Gast geschaffen.

Über den Ort:
— Einwohnerzahl: 2561
— Zahl der Fremdenbetten: 1800
— Auskunft: Verkehrsverein, 5771 Leogang, Tel. 06583/234.

Für den Notfall:
— Gendarmerie Leogang 65, Tel. 06583/233
— Bergrettungsdienst Leogang, Rosental 62, Tel. 06583/303
— Ärzte: Dr. Wolfgang Wittauer, Leogang, Rosental 8, Tel. 237
  Dr. Wenzel Talmann, Leogang, Rosental 29, Tel. 214
— Fundamt im Rathaus.

● **120 Die Sage vom Melkerloch**

Am Ostkamm des Birnhorns befindet sich in der Mulde ein riesiges Loch im Gratverlauf. Die Sage berichtet, daß sich auf dem Plateau der Leoganger Steinberge saftige Almen und prächtig gedeihendes Vieh befunden habe. Der Reichtum stieg den Melkern und Sennerinnen zu Kopf und sie wurden hartherzig und begannen mit den Gottesgaben der Natur ein frevelhaftes Spiel zu treiben. Sie badeten in frischer Milch, pflasterten die Wege mit Käse, verstrichen die Fugen mit Butter und die Kühe mußten silberne oder goldene Glocken tragen. Eines Tages verirrte sich ein armer, alter Mann auf die Grubalm und bat die Melker um eine Schale Milch. Schimpfworte waren alles, was er erntete. Einen Steinwurf von der Hütte entfernt drehte sich der alte Mann um und murmelte: „Keine Wurzel soll mehr treiben und kein Fleck mehr grünen." Die Tage vergingen. Die Melker hatten den Bettler längst vergessen, als ein riesiger Teufel

Im Melkerloch (R 120),
einem der großen Naturwunder in den Leoganger Steinbergen.

an der Tür der Almhütte erschien. Die Senner, weit und breit als
rauflustig bekannt, packten den überraschten Teufel und warfen
ihn mit geschicktem Griff an die Holzwand, daß dem Schwarzen ein
Horn abbracht. Unter schallendem Gelächter fuhr der geprellte
Teufel bei der Tür hinaus. Wenige Tage später erschien ein kleiner
Teufel und fragte: „Was ist euch lieber, durch 7 Wände reißen oder
über 7 Berge schmeißen." Schmunzelnd entschied sich der Melker
für das erste, denn der kleinere Teufel schien ihm überhaupt keine
Gefahr zu sein. Diesmal aber hatte er sich gründlich verrechnet.
Das Teuflein packt ihn mit heißen, grimmigen Klauen und reißt ihn
durch den Berg. Zur selben Stunde aber stiegen blauschwarze Wolken auf, verhüllten das Birnhorn und ein Ungewitter mit einer Stärke, wie es die Leute noch nie erlebt hatten, entlud gewaltige Wassermassen und Muren verwandelten das blühende Almland in eine

trostlose karge Steinwüste. Seit jenen Tagen ist als warnendes Zeichen von Frevel das Loch im Berge (Melkerloch) zu sehen. An jener Stelle, wo des frevelnden Melkers Hütte stand, breitet sich heute die Goldlacke aus, um müde, durstige Wanderer zu laben.

Wanderungen von Leogang

● **121 Achenweg,** 3 Std.

Vom Verkehrsbüro im Ortskern der Bundesstraße ca. 400 m entlang in Richtung Westen (Tirol) gehen. Über einen Steg zur Freizeitanlage Sonnrain und weiter zum Haus Pisna. Vor diesem südlich zur Ache und am nördlichen Ufer flußaufwärts bis zum Sägewerk Hartl. Über die folgenden Auen durch Erlwäldchen zu den Talstationen der Asitzbahnen. Auf der Bundesstraße Richtung Tirol, vorbei an der Barbara-Kapelle beim Bergdorf Hütten unter einem Bahnviadukt hindurch, bis zur Postautohaltestelle Berg/Grießen. Nun führt dieser Weg am Seebach entlang an schönen Bauernhöfen vorbei zum Grießensee. Kurz vor dem See biegen wir scharf zur Bundesstraße ab und gelangen über diese nach Hochfilzen. Rückfahrt mit Autobus und Bahn möglich.

● **122 Krallerhof — Embachhof — Hütten,** 1½ Std.

Vom Ortskern auf der Bundesstraße Richtung Tirol. Nach etwa 1 km zweigen wir links ab und erreichen auf dem mäßig steigenden Wiesenweg das Hotel Krallerhof, weiter über den Wiesenpfad zur Pension Embachhof. Nach etwa 50 m an der Weggabelung halten wir uns links und wandern über einen Höhenrücken zum Hinteriederhof. Nun über die Felder und Wiesen ins Tal, vorbei an den Talstationen der Asitzbahn zurück zur Bundesstraße.

● **123 Birnbachloch — Birnhorngletscher,** 963 m, 2 Std.

Vom Dorfkern über die Bundesstraße und auf einer Brücke über den Bach ins Ullachtal. Auf breitem Weg, vorbei an Schottergewinnungsanlagen zu einem Viehunterstand. Von diesem in Serpentinen durch die hier ansetzende steile Berglehne bis zu einem Rastplatz kurz vor einem Bach. Jetzt den, von Geröll und Schnee durchzogenen, Hang in steilen Serpentinen hinauf zu einer Latschenzone und quer durch diese zum deutlich sichtbaren Birnbachloch. Im Hintergrund der Felsenhöhle bricht eine starke Quelle hervor — der Birnbach. Von hier kann man ohne Schwierigkeit zu den Schneehalden (die von der Birnhorn-Südwand herabkommenden Lawinen) gelangen. Berichten zufolge handelt es sich hier um die niedrigst gelegenen Schnee- und Lawinenreste mit gletscherartigem Charakter in den Alpen.

Den Graben hinab bis zur Quellfassung der Leoganger Wasserleitung. Rechts auf einem Steg über den Birnbach und zu einem nach Südwesten leicht ansteigenden Weg durch den Wald zur Priesterecker-Alm. Von der Alm anfänglich entlang des Weidezaunes, später auf dem Waldweg zur Jausenstation Priestereck. Von hier auf bequemem Fahrweg durch den Mischwald hinunter nach Leogang.

● **124 Sinning — Otting — Ecking — Saalfelden,** 2 Std.

Vom Ortskern über die Bundesstraße und die Leoganger Ache zur Ortschaft Rosental bis zum SPAR-Geschäft. Nun halbrechts durch verbautes Gebiet, weiter über Wiesen zur Ortschaft Sinning. Den Wiesenweg entlang, vorbei an Bauernhöfen zur Ortschaft Otting. Östlich haltend nach Ecking zu einem Bahnviadukt und über die anschließenden Wiesen nach Lenzing. Nun zurück auf der Bundesstraße nach Leogang oder weiter nach Saalfelden.

Die Ortsnamen mit der Endung „ing" gehören zu den ältesten Siedlungsgebieten des Landes und weisen auf die bajuwarischen Siedler hin.

● **125 Saalachtaler Höhenweg,** 2044 m, 10 Std.

Herrliche Bergfahrt, gutes Schuhwerk und Bergerfahrung nötig. Vom Ortskern in südöstlicher Richtung über Wiesen zum Waldrand und auf einem Güterweg durch die Waldzone zur Huggenbergalm. Nun halten wir uns südlich und steigen über den schwach ausgeprägten Kamm durch Wald- und Wiesenzonen zum Biberg an (Bergstation Sesselbahn). Vom Biberg über die freien Flächen zur Schultersbachshöhe und weiter über Almflächen und durch Waldzonen in wechselnder Folge zum Durchenkopf (Lehrtafel). Auch am Geierkogel im weiteren Kammverlauf steht eine Lehrtafel; von dieser über die Almmatten und Hochmoore zum Asitzkogel. Leicht bergab führt uns der Weg über die grünen Böden zum Kohlmaiskopf und zur Schönleitenhütte (bewirtschaftet). Vom Kohlmaiskopf leicht absteigend zum Spielbergtörl über den Bärenkogel (Lehrtafel). Nun geht es weiter hinauf über die leicht werdenden Kamm zum Spielberghorn. Dort hat man zwei Abstiegsmöglichkeiten, vom Spielberg nach Hütten oder nach Saalbach.

● **126—128** frei für Ergänzungen.

● 129 Hochfilzen, 973 m

Gelegen auf der Wasserscheide zwischen Tirol und Salzburg an den westlichen Ausläufern der Leoganger Steinberge. Hochfilzen liegt an der Bahnstation der österreichischen Westbahn Wien/Vorarlberg, erreichbar über die neu ausgebaute Hochkönig-Bundesstraße B 164. Die Höhenlage, das günstige Klima und die ruhige Gegend machen das Dorf zu einem gerne besuchten Sommeraufenthalt. Der bäuerliche Charakter des Dorfes ist nur in den Randbezirken voll erhalten. Das Zentrum wird beherrscht vom Industriegelände der Montangesellschaft Magnesit-Bergbau.

Das Gebiet um Hochfilzen wird urkundlich um 945 n. Chr. erwähnt. Im Jahre 992 erschien ein Graf Pallfisch mit Bergleuten und Jägern im Tal und begann nach Silber und Kupfer zu graben. In früherer Zeit werden auch Saumpfade erwähnt, die aus dem Saalachtal den Übergang ins nahe Tirolerische ermöglichten. Um das Jahr 1073 gehört das Tal (Tal Pillau) dem Kloster Rott am Inn an. Im Jahre 1682 erbaute man in Hochfilzen die erste Kapelle zu Ehren der Mutter Gottes von Loretto. Die kirchliche Betreuung erfolgte von St. Ulrich oder St. Adolari aus. In den unruhigen Zeiten des 30jährigen Krieges haben Salzburger Landesfürsten am nahe gelegenen Griesenpaß verschiedene Grenzsicherungsanlagen angelegt (1658). Um 1873 begannen die Bauarbeiten zur Westbahnstrecke (Eisenbahn) und damit begann die Ortschaft sich industriell zu entwickeln. Mit dem Anstieg der Weltstahlproduktion stieg auch der Bedarf an Magnesitprodukten und so wurden die Hochfilzener Magnesitvorkommen industriell genutzt. Die Produktionskapazität des Werkes benötigt ca. 300000 Tonnen Rohstein pro Jahr. Das österreichische Bundesheer hat zur Benachteiligung der schönen Landschaft im nahe gelegenen reizvollen Landschaftsteil, dem Schüttachgraben, Kasernen und einen Schießübungsplatz eingerichtet.

Über den Ort:

— Einwohnerzahl: 1030
— Zahl der Fremdenbetten 501
— Auskunft: Gemeindeamt, 6395 Hochfilzen, Tel. 05359/210.

Für den Notfall:

— Bergrettungsdienst, Tel. 218.

Dorfplatz von Hochfilzen am Grießenpaß, R 129

Wanderungen von Hochfilzen

● **130 Tennweg,** ½ Std.

Vom Ortskern in Richtung Schwendt bis zur Ortschaft Glaa. Nun die Straße links verlassen und auf dem mäßig steigenden Weg Nr. 9 nach Pfaffenschwendt.

● **131 Sonnkogel,** 1530 m, 1½ Std.

Vom Ortskern in östlicher Richtung bis auf die Höhe des Magnesitbergwerkes nach Leogang. Beim Magnesitbergwerk die Straße rechts verlassen und durch Weidegebiete auf schmalem Weg hinauf zum Waldmahd (1160 m). Nun erst auf schmalem Feldweg weiter und später durch Waldzonen auf einem Fahrweg zur Aiblalm (1157 m). Mäßig steigend über die Grießener Alm (1355 m), Huber- und Hartlalm (1390 m) zum Sonnkogel.

● **132 Spielberghorn,** 2044 m, 3½ Std.

Auf Weg R 131 bis zur Aiblalm. Dort zweigt ein gut markierter Weg rechts ab und führt über Scherm steil zum Spielberghorn. Vom Gipfel hat man einen schönen Überblick über die Kitzbüheler Grasberge zu den Loferer und Leoganger Steinbergen und zum Wilden Kaiser. Als Abstieg wird der Weg (Rundtour) über das Spielbergtörl, Spielbergalm, Scheltaualm, Hartlalm und Grießener Alm empfohlen.

● **133 Römersattel,** 1202 m, 2 Std.

Vom Ortskern entlang der Fahrstraße in Richtung Schwendt, über einen Bahnübergang hinaus bis zu einer Weggabelung. Wir folgen dem rechten Weg, der vorbei an den Bundesheer-Anlagen zur Barbara-Kapelle führt. Auf breitem Schotterweg durch die Schotterböden des Schüttachgrabens zu den grünen Almwiesen der Außerschüttachalm und weiter zu einer sanften Anhöhe, dem Römersattel. Von hier hat man einen schönen Einblick in die Seitentäler der Leoganger Steinberge.

Auf der Anhöhe des Römersattels sind an höchster Stelle des Überganges vom Schüttachgraben im Tirolerischen zur Vorderkaserklamm im Salzburgischen drei Nadelbäume zu sehen. Da der Übergang schon in früher Zeit von Römern und Kaufleuten benützt worden ist, hält man die Bäume für ein altes Wegzeichen der Römer. Leider kann diese herrliche Wanderung und die beschauliche Ruhe durch das Österreichische Bundesheer (militärisches Sperrgebiet für Übungszwecke) empfindlich beeinträchtigt werden.

● **134 Buchensteinwand,** 1462 m, 2 Std.

Vom Ortskern in Richtung Schwendt über die Bahnüberführung und links weiter bis zur Ortschaft Glaa. Die Straße links verlassen (Talstation Schlepplift), am Schlepplift links vorbei auf dem Feldweg zur Stalleralm. Über die Stalleralm und durch den nahen Buchenwald sowie freie Weidefläche zum Gipfel (Gasthof Buchensteinwand). Als Rückweg bietet sich der Weg über Pfaffengschwendt an oder man fährt mit dem Sessellift nach St. Jakob zurück ins Tal.

● **135** frei für Ergänzungen.

5. Das Wiesenseetal

● **136** An der Westseite der Loferer und Leoganger Steinberge, dient der schnelleren Verbindung zwischen Hochfilzen, R 129 und St. Ulrich, R 110, über die kleine Ortschaft Schwendt. Es ist von untergeordneter Bedeutung, obwohl es landschaftlich sehr reizvoll ist.
Entfernungen: Hochfilzen — St. Ulrich 7 km.
Verkehrswege: Sandstraße von Hochfilzen bis St. Ulrich.

6. Das Fieberbrunner Tal

● **137** Es beginnt im Westen bei der Stadt St. Johann in Tirol und zieht in südöstlicher Richtung, besiedelt von den Orten Mühlbach, Hütte, Fieberbrunn, Pfaffengschwendt, Hochfilzen bis zum Paß Grießen. Das Tal wird eingerahmt von den Grasbergen der Kitzbüheler Alpen. Durch den Talboden fließt die Pillerseer Ache, die sich in St. Johann in Tirol mit der Kössener Ache vereint. Das Fieberbrunner Tal erlangte erstmals größere Bedeutung mit der Ausbeutung von Bodenschätzen um 1500 v. Chr. Die Erschließung wurde fortgesetzt mit dem Ausbau der Westbahnstrecke Wien — Innsbruck, der Giselabahn, die durch das gesamte Tal führt. Von St. Johann in Tirol führt die neu ausgebaute Hochkönig-Straße (Bundesstraße B 164) über den Paß Grießen und Leogang nach Saalfelden am Steinernen Meer. Knapp vor Fieberbrunn mündet die Bundesstraße aus Waidring, über St. Ulrich und St. Jakob im Haus kommend, ein. Das Tal ist verkehrsmäßig gut erschlossen. In der kalten Jahreszeit hat es den Ruf eines Schneeloches. Das ist dadurch begründet, daß das Tal nach Westen zum Inntal, der Wetterseite hin offen ist und die Gebirgsaufbauten der Leoganger Steinberge im Osten die tiefhängenden Wolken stauen und zur Entladung bringen. Die weiten Hänge der Kitzbüheler Grasberge sind für Skifahrer ein besonderes Vergnügen. Im Sommer bietet die sanfte Landschaft des Tales und die würzige Luft der Almen und Waldgebiete geruhsame Erholung in naturbelassener Landschaft.

● **138** **St. Johann in Tirol,** 622 m

Das kleine Städtchen liegt im nordöstlichen Teil Tirols. Der weite Talkessel ist umgeben von den sanften Grasbergen des Kitzbüheler

Horns im Süden, im Nordosten den Kuppen von Adlerspoint und Kirchberg, im Norden dem Unterberg von Kössen und wird im Westen von den leuchtenden weißgrauen Kalkfelsen des Wilden Kaisers überragt. Ein Gebirgsstock, der mahnend an die Größe der Schöpfung und dennoch verlockend die lebendige Schönheit der Landschaft in sich vereint — die Hochschule der Felskletterei.

Im Talkessel vereinigen sich mehrere Täler aus den verschiedensten Himmelsrichtungen. Mit solchen Vorzügen ausgestattet, wurde der Ort schon frühzeitig zum Sammelpunkt von Verkehrsadern. Das Leukental erstreckt sich bis zum Paß Thurn, dem Übergang ins pinzgauerische Salzburg, durchflossen von der Jochberger Ache, später Kitzbüheler Ache, Kössener Ache und im Bayerischen Tiroler Ache — bis zu ihrer Mündung in den Chiemsee genannt. Vom Westen öffnet sich das Spertental, in dessen Talboden die Reitner Ache fließt und sich vor St. Johann mit der Kitzbüheler Ache vereint. Nach Osten, durchflossen von der Pillerseeache, öffnet sich das Fieberbrunnertal zum nahen Grießenpaß, dem Talübergang zum unteren Pinzgau ins Salzburgische.

Der Fluß, die Kössener Ache — ab St. Johann so genannt — eignet sich gut für Wildwasser-Kajakfahrten. Im oberen Teil, je nach Wasserstand (ab Kitzbühel) schwierig, wird aber ab St. Johann leichter. Gemächlich durchfließt er das St. Johanner Tal bis Kössen. Ab hier bahnt er sich seinen Weg durch die landschafltich reizvolle Klobensteiner Klamm mit ihren zahlreichen fischreichen Wassergumpen. Die Tiroler Ache mündet im Bayerischen in den Chiemsee. Dieser Fluß wird als geeignet für Wildwassersäuglinge bezeichnet (bei normalem Wasserstand).

Im vergangenen Jahrhundert spielte hier der Bergbau eine große Rolle. Nach Silber und Kupfer wurde geschürft. Der tiefste Schacht am Rerobichl bei Oberndorf soll im 16. Jahrhundert an die 1100 m gewesen sein.

Im Gefolge blühte der Handel mit Erzen und Metallwaren aus Kupfer und Silber. Später erlosch die Ergiebigkeit des Bergbaues und nur die Landwirtschaft blieb bestehen. Die Größe und Schönheit der Bauernhöfe sowie das sichere Auftreten ihrer Besitzer berichten noch heute von einem gesunden Bauernstand. Vor ungefähr 1200 v. Chr. ließen sich die ersten Ansiedler im Leukental nieder. Um etwa 400 v. Chr. wurden die Illyrer von den Kelten in die inneren Täler der Alpen verdrängt. Sie gründeten das norische Königreich, welches vom Zillertal bis an die Donau reichte. Um 15 n. Chr. eroberten römische Legionen unter Kaiser Augustus die Alpenregionen. Das nordöstliche Tirol, vom Ziller beginnend, wurde der römischen Provinz Noricum zugeschlagen. Viele Jahre währte die römische Herrschaft. Im 6. Jahrhundert begann die Einwanderung der germanischen Stämme und damit die Bajuwarisierung. Eine neue Zeit brach an, die das Antlitz des Tales bis auf den heutigen Tage geprägt hat.

Im Laufe des 7. Jahrhunderts wurde die erste Kirche im Leukental errichtet, welche dem hl. Johannes dem Täufer geweiht ist. Um diese Urpfarre entwickelte sich der Ort St. Johann in Tirol. Die Grafschaft gehörte dem Edelgeschlecht der Luickinger, die ihren Sitz am Fuße des Niederkaisers auf Burg Leukenstein hatten. Bis zu den Jahren 1504—1506 blieben die Bezirke Kitzbühel, Kufstein und Rattenberg beim Herzogtum Bayern. Nach 1506 wurden sie dem Land Tirol zu eigen und teilten fürderhin Freud und Leid.

Die heutige Dekanatskirche mit ihren zwei Türmen, der Dom des Tiroler Unterlandes genannt, wurde in den jahren 1723—1728 vom Architekten Abraham Millauer aus Aibling erbaut. Der ernste würdige Bau im strengen Barock überrascht mit seinem einfachen Äußeren. Die Deckengemälde stammen von dem bedeutenden Kitzbüheler Maler S. B. Faistenberger.

Sehenswert ist die St. Antonius-Kriegergedächtniskapelle. St. Johann war in seiner Geschichte nie Schauplatz kriegerischer Auseinandersetzungen. Aus Dankbarkeit dafür ließen die Bewohner des Ortes die Kuppel der St. Antonius-Kapelle mit einem prächtigen Rundgemälde von der Hand des berühmten Tiroler Barockmalers Josef Schöpf verzieren. Der Rundkuppelbau wurde 1669—1674 errichtet. Die acht Statuen wurden vom Bildhauer Josef Haid nach der Wiedervereinigung mit Tirol 1814 angefertigt. Die Schreine auf der Nord- und Südseite versinnbildlichen die fernen Kriegsgräber an den verschiedenen Kriegsschauplätzen — die Erde der Heimat und der Fremde. Am Hauptplatz sind prachtvolle alte Bürgerhäuser zu sehen, verziert mit wunderschönen Erkern.

Über den Ort:
— Einwohnerzahl: etwa 8000
— Zahl der Fremdenbetten: etwa 5200
— Auskunft: Fremdenverkehrsverband, 6380 St. Johann in Tirol
        Speckbacherstraße 11, Tel. 05352/2218.

Für den Notfall:

— Gendarmerie, Tel. 05352/2501
— Rotes Kreuz, Tel. 05352/2555
Ärzte: Dr. W. Gast, Kaiserstraße. 28, Tel. 05352/2363
　　　Dr. R. Müller, Kaiserstraße. 22, Tel. 05352/2245
　　　Dr. R. Randl, Schießstandgasse, Tel. 05352/2248
— Bergrettungsdienst
— Fundamt Gemeindeamt, Bahnhofstraße.

Wanderungen von St. Johann in Tirol

● **139　Spital auf der Weitau**, 1 Std.

Vom Ortskern in Richtung Kitzbüheler Ache und über die Brücke ans rechte Ufer. Die Achenallee flußaufwärts bis zur Einmündung der Reither Ache, der wir nun folgen und auf dem Feldweg zum kleinen Kirchlein Spital auf der Weitau. Das ursprünglich romanische Kirchlein wurde im 15. Jahrhundert vom Benefiziat Johann Strauß in die heutige gotische Form umgebaut. Die größte Kostbarkeit stellt das herrliche Glasfenster hinter dem Hochaltar dar. Das äußerst seltene Kunstwerk von mittelalterlicher Glasmalerei besitzt in Nordtirol kein Gegenstück. 1740 wurde das gotische Kirchlein barockisiert, indem die flache Decke durch ein Gewölbe ersetzt wurde. Das Gewölbe wurde mit hervorragenden Fresken von Simon Benedikt Faistenberger und Adam Mölk ausgeschmückt. Der Hauptaltar ist barock, die Seitenaltäre in zierlichem Rokoko gehalten. Neben der kleinen Kapelle stehen zwei uralte Linden. Auf der anderen Straßenseite erstreckt sich ein großer Weideplatz, der früher als Musterungsplatz Verwendung fand und auf dem alljährlich am 15. August der bekannte Spitaler Markt stattfindet.

● **140　Einsiedelei Gmainkapelle,** 2 Std.

Vom Ortskern zur Kössener Ache. Über die Gasteiger Straße nach Bärenstätten, dort links abzweigen und durch den Ort zum Fuße des Niederen Kaisers. Ein Feldweg führt in leichter Steigung zur Gmainkapelle, ein in das liebliche Waldeinsamkeit eingebettetes Kirchlein, über dessen Gründung eine fromme Legende erzählt. In früher Zeit ist auf wunderbare Weise eine Kopie des Marienbildes von der Kirche im Tal Vigezzo in Piemont in die Waldeinsamkeit gelangt. Das Wallfahrtsbild wurde durch einen frevelhaften Steinwurf verletzt, worauf das Bild zu bluten begann. Der Volksmund gab ihm den Namen „Maria Blut" und seitdem suchten dort viele

Gläubige Rat und Hilfe vor bresthaften Leiden. Die kleine Einsiedelei wird 1696 erstmalig urkundlich genannt. Die Eremiten lebten von Buchbinderei und den Almosen guter Menschen.

Von der Einsiedelei führt ein etwas steilerer Weg zum Gmailköpfel. Durch schönen Buchenwald gelangt man zum Lärchenkreuz, das hier zum Gedenken an die Gefallenen errichtet wurde. Ein schöner Ausblick über das Tal zu den nahen Bergen, den leuchtenden Kalkfelsen der Loferer und Leoganger Steinberge sowie zum Wilden Kaiser und den grünen Matten der Grasberge der Pinzgauer, der Kitzbüheler und bayerischen Voralpen ergänzen das Bild, so daß die Wanderung zu einem tiefen Erlebnis von Natur und Frömmigkeit wird.

● **141 Hilscher Waldpark,** 20 Min.

Vom Ortskern die Speckbacher Straße in Richtung Kitzbühel unter einer Bahnunterführung hindurch bis zum Beginn des Horner Weges, dem wir bis zum Ende folgen und dann den hier beginnenden Parzach-Weg in den Hilscher Waldpark nehmen. Im Hilscher Waldpark befindet sich auch eine Fitness-Parcour-Anlage.

● **142 Horner Mittelstation,** 1½ Std.

Vom Ortskern über die Speckbacher Straße zum Beginn der alten Kitzbüheler Straße nach Apfeldorf. Am Ende von Apfeldorf (Richtung Kitzbühel) biegen wir auf den Hirschweg links ab und steigen über Wiesen und durch schüttere Waldzonen zur Mittelstation der Bergbahn (Gasthof) und weiter zur Bergstation der Hornbahn hinauf. Schöner Blick in den weiten Talboden der Kössener Ache und zu den Felszinnen des Wilden Kaisers.

● **143 Kitzbüheler Horn,** 1996 m, 3½ Std.

Am besten von St. Johann mit der Standseilbahn zur Angerer Alm oder zu Fuß, wie auf Weg R 142 beschrieben. Von der Angerer Alm über den Feldweg nach Almdorf, Windegg, Hohenberg zum Wirtshaus Angerer Alm. Weiter auf gut markiertem Weg, anfänglich sanft ansteigend, zum Harschbühel und nun steiler in Serpentinen hinauf zum Kitzbüheler Horn (Fernsehturm, Bergstation der Kitzbüheler-Horn-Bahn). Sehr schöner Rundblick auf die umliegende Bergwelt und zu den Hohen Tauern.

● **144—146** frei für Ergänzungen.

● 147   **Fieberbrunn, 790 m**

Im Nordosten Tirols, an der Salzburger Landesgrenze, umrahmt von den Kitzbüheler Grasbergen und in weiterer Entfernung von den Loferer und Leoganger Steinbergen, liegt der Hauptort des Pillersee-Tales: Fieberbrunn. Die ersten nachweisbaren Erwähnungen des Ortes liegen bereits um 1500 v. Chr. Alte Überreste von Bergbaubetrieben bezeugen, daß hier schon im Altertum Bergbau betrieben wurde. Vorwiegend wurde nach Silber, Kupfer und in späterer Zeit nach Magnesit gesucht. Nach einer Chronik, gefunden in St. Jakob i. H., soll die Besiedlung im Jahre 944 n. Chr. durch die Brüder Abraham und Jakob Pillau erfolgt sein. Um 790 n. Chr. war das Gebiet unter Herzog Tassilo II., Herzogtum Bayern, unter fränkischer Oberhoheit. Im Jahre 1073 wird das ganze Pillerseetal dem Besitz des Benediktinerklosters Rott am Inn zugeschrieben. In einer Urkunde wird um das Jahr 1151 erstmals eine Kirche erwähnt. Um das Jahr 1170 sollen im Pillerseetal bereits zwei Kirchen gestanden sein. Am Ende des Pillerseetales wurde eine Kirche errichtet, die dem Benediktinerheiligen Adolarus geweiht wurde. Um 1354 ist die Tiroler Landesfürstin Margarethe Maultasch in dieser Gegend vom Fieber befallen worden und als sie vom Wasser, welches aus dem Hügel floß, auf dem die heutige Pfarrkirche steht, trank, erlangte sie ihre Gesundheit wieder. Aus Dankbarkeit für diese wunderbare Heilung wurde die damalige Ortschaft, die Pramau hieß, in Fieberbrunn umbenannt. Aus der Hand der Landesfürstin Margarethe Maultasch ging im Jahre 1363 durch Vertrag die Grafschaft Tirol in die Hand der Habsburger über. Im Jahre 1504 kam das Gebiet unter Kaiser Max I. zu Tirol. Kirchenrechtlich verblieb die damalige Hofmark Pillersee bis 1803 beim Kloster Rott in Bayern. Die Blütezeit des Bergbaues war im 16. Jahrhundert. Gewonnen wurden vor allem Eisen im Göbra-Gebiet auf 1600 m Höhe. Der hier gewonnene Stahl — Pillersee-Stahl — erlangte wegen seiner Güte und Geschmeidigkeit Weltruf. Außer Eisen wurden noch Kupfer, Nickel, Blei und Quecksilber abgebaut. Im Jahre 1541 werden 11 Neuschürfe in 5 Gruben erwähnt. Die einflußreichsten Bergbaugesellschaften in Fieberbrunn gehörten den Familien Rosenberger aus Augsburg. In der Folge wechselten die Besitzerfamilien. Im 17. Jahrhundert besaßen die Bergwerke die Fugger aus Augsburg, im Anschluß daran die Schloßherren von Hohenaschenau und der Graf von Preysing. Erst im Jahre 1753 gingen sie in österreichischen Besitz über. Um 1774 wurden sie den übrigen Eisenwerken Tirols und der Siegerschen Gewerkschaft angegliedert. Um 1869 entstand aus sämtlichen ärarischen Eisenwerken Tirols und Salzburgs die Salzburger und Tiroler Montanunion.

Durch die landschaftlich reizvolle Gegend und angenehme klimatische Lage wurde schon im 19. Jahrhundert die Fremdenverkehrsentwicklung eingeleitet. Durch den Bau der Westbahnstrecke (Gisela-Bahn) war das Tal verkehrsmäßig erschlossen. Schon damals schrieben prominente Besucher, wie der Alpin-Schriftsteller Alfred von Radio-Radiis und der wohl damals bekannteste Alpinist-Ludwig Purtscheller, begeistert von den schönen plastischen Hügelkuppen, den malerischen Vorbergen und dem majestätischen Gebirgswall der Umgebung Fieberbrunn.

Der malerisch gelegene Wildalpsee am Wildseeloder trug Beachtliches zu solch begeisternden Formulierungen bei. Um 1892 wurde am Wildseeloder ein Schutzhaus erbaut. Um 1902 waren schon 500—700 Gäste pro Jahr in Fieberbrunn.

Über den Ort:

— Einwohnerzahl: 3500
— Zahl der Fremdenbetten: 3560
— Auskunft: Fremdenverkehrsverband, 6391 Fieberbrunn, Tel. 05354/305 (6305).

Für den Notfall:

— Gendarmerie, Tel. 05354/207 (6207)
— Rotes Kreuz
— Bergrettungsdienst, Tel. 05354/581 (6581)
— Arzt
— Fundamt der Gemeinde Tel. 05354/203 (6203).

p ## Wanderungen von Fieberbrunn

● **148 Rundgang Dorf — Talstation Streuböden,** 40 Min.

Vom Ortskern entlang der Bundesstraße in Richtung Hochfilzen bis zu einer Abzweigung, wo wir der rechten Straßenabzweigung zur Talstation der Sesselbahn Streuböden folgen. Den rechts einmündenden Feld- und Wiesenweg zum Weiler Lindau weiter und über die Kogllehen-Siedlung zurück zum Dorf.

● **149 Reith — Bodenbauer,** 1½ Std.

Vom Ortskern über die Straße nach Hochfilzen bis zum Gasthof Dandler. Nun verlassen wir die Straße und folgen dem geraden Weg in Richtung Gasthof „Eiserne Hand" bis zu einer Brücke. Nach der Brücke zweigen wir rechts ab und gelangen auf einen Wiesenweg zum nahen Wald. Bei der Weggabelung rechtshalten, über Wiesen zum Weiler Reith und das folgende Dorfmoos zum Bodenbauer. Nun entweder auf der Straße Hochfilzen — Fieberbrunn zurück zum Dorf oder vom Weiler Reith zur Talstation der Sesselbahn Streuböden.

- **150 Schreiende Brunnen,** 2 Std.

Vom Ortskern auf der Straße in Richtung Hochfilzen bis zum Gasthof Dandler. Rechts zweigt ein Güterweg von der Bundesstraße ab, der uns zum Gasthof „Eiserne Hand" führt. Von hier den Fahrweg in den Hörndlinger Graben hinauf bis zu drei kleinen Wasserfällen, den „Schreienden Brunnen". Nun kann man entweder weiter über die Almböden zur Lärchfilzhochalm aufsteigen oder auf dem gleichen Weg zum Dorf zurückgehen.

- **151 Bauernhof Rettenwand — Schwarzhäusl — Brent,** 1½ Std.

Vom Ortskern zur Kirche und nun talauswärts auf einem Weg in westlicher Richtung bis zur ersten Abzweigung. Weiter unterhalb der Talstation des Reitl-Liftes vorbei bis zu einer Abzweigung an einem Wegkreuz. Auf der hier vorbeiführenden Straße entlang zum Bauernhof Großreitl, von wo man einen besonders schönen Ausblick auf die Loferer Steinberge und den Wilden Kaiser hat. Den Feldweg weiter, vorbei am Lauchteich über den Bauernhof Rettenwand zu den Höfen Brent und Schwarzhäusl. Nun rechts haltend hinab in den Pletzergraben und durch diesen hinaus zum Gasthof Auwirt.

- **152 Buchensteinwand,** 1462 m, 3 Std.

Vom Dorf in Richtung Hochfilzen zum Weiler Schönau. Weiter auf dem Feld- und Wiesenweg zum Weiler Pertrach. Links haltend den Berghang zum Bauernhof Perterer Tenn hinauf. Am Hof vorbei auf dem Wiesenweg zum Waldrand und über die folgenden Wald- und Weidezonen zur Lengg-Alm. Nun steiler über den schwach ausgeprägten Kammrücken zur Anhöhe Buchensteinwand (Bergstation der Sesselbahn, Gasthof).

Bergsee am Wildseeloder mit Schutzhaus (R 153).
Im Hintergrund die Loferer Steinberge.

● **153 Wildseeloder,** 2119 m, 4 Std.

Vom Ortskern in Richtung Hochfilzen bis zum Gasthof Dandler. Die Bundesstraße rechts verlassen, auf dem Güterweg bis zur Abzweigung „Lärchfilzalm". Auf dem breiten Güterweg durch Wald- und Feldzonen bis zur Lärchenfilzniederalm. Weiter über den Almboden und dann steiler zur Lärchfilz-Hochalm (Gasthof — ganzjährig bewirtschaftet). Am Gasthof links halten, durch eine Einsattelung zu einem weiteren Almboden mit Kaser. Nun rechts hinauf über die Almböden durch das Kühbei-Tal, auf die Wildalm. Man kann sie auch leicht erreichen, indem man mit dem Streuböden-Sessellift bis auf die Wildalphöh' fährt, um nach kurzem Abstieg die Wildalm zu erreichen.

Von dort linkshaltend in Serpentinen zum Wildseekar hinauf. Am Kareingang steht ein Schutzhaus, im Kar selbst leuchtet ein glasklarer Bergsee. Von hier hat man auch einen schönen Ausblick auf die breiten Felspyramiden und -burgen der Loferer und Leoganger Steinberge sowie zum nahe gelegenen Wilden Kaiser.

Von der Schutzhütte steigt man den rechts den steilen Hang in Serpentinen zu einer schmalen, von Felsen begrenzten Grasrinne hinauf, durch die man auf einen Gratrücken gelangt. Diesen steil hinauf, zuletzt den Gipfelhang queren und über den südlichen, schwach ausgebildeten und felsdurchsetzten Grat zum Gipfel (Gipfelkreuz). Vom Gipfel streicht der Blick ungehindert von den Hohen Tauern im Süden zu den Felsen des Karwendels und Kaisers im Westen über die Chiemgauer Vorberge zu den Loferer und Leoganger Steinbergen und zum Hochplateau des Steinernen Meeres im Osten.

● **154** frei für Ergänzungen.

7. Der Schüttachgraben mit Römersattel

Trennt die beiden Gebirgsstöcke Loferer und Leoganger Steinberge. Schon zur Zeit der Römer verlief hier ein Karrenweg. Die Bedeutung dieses Talüberganges vom Saalachtal nach Hochfilzen hat im Laufe der Jahrhunderte jedoch nachgelassen, ganz besonders nach dem Ausbau der Saalachtal-Bundesstraße (Mittelpinzgauer Bundesstraße). Heute dient er nur mehr dem Forst und den Alpbauern. An seiner Ostseite die Vorderkaserklamm, eine Sehenswürdigkeit ersten Ranges (am Eingang Jausenstation). Bis hierher ist Fahrmöglichkeit für Autos (auch Kleinbusse) gegeben. Dahlsen-Alm, 916 m, sowie Schüttach-Alm, 1155 m, liegen nördlich bzw. südlich der Wasserscheide. Am Westausgang des Tales nach Hochfilzen befindet sich ein Schießübungsplatz des österr. Bundesheeres, daher die angebrachten Warnungstafeln beachten! Pkw-Fahrmöglichkeit von Hochfilzen aus ist bis zur Außerschüttachalm gegeben.

Entfernungen: Bundesstraße Saalachtal – Vorderkaserklamm 2,5 km – Außerschüttachalm (Karrenweg) 5 km – Hochfilzen 4 km.

Verkehrswege: Schotterstraßen für Pkw und Kleinbusse, Fußwege für die Verbindung Vorderkaserklamm – Außerschüttachalm.

Für den Fotofreund

Aus der Lehrschriftenreihe des Bergverlages

Robert Löbl
Fotografieren im Gebirge

Richtige Kamerawahl – Zubehör – Grundsätzliches (Farbe oder Schwarzweiß, Negativ- oder Umkehrfilm, senkrecht oder waagrecht, Flächigkeit – Räumlichkeit) – Motiv – Bildaufbau – Technik der Bergfotografie (Schärfe, Belichtung, Entfernung, Zeit, Blende, Schärfentiefenskala) – Foto-ABC.
128 Seiten. Zahlreiche ein- und mehrfarbige Abbildungen.
1. Auflage 1976.

Zu beziehen durch alle Buchhandlungen

Bergverlag Rudolf Rother GmbH · München

C. Bergfahrten in den Loferer Steinbergen

I. Gliederung

Die Loferer Steinberge sind ein geschlossener Gebirgsstock, dessen Hauptkamm in Streichungsrichtung Nordwest-Nordost in schönem Bogen nach Süden ausschwingt. Er entsendet nur kurze **Seitenkämme:**
a) südwestlich:
   den **Ulrichshornkamm** vom Rothörndl abzweigend und steil ins Pillerseetal abfallend;
   den **Geislhornkamm** vom Westlichen Reifhorn abzweigend, ebenfalls steil ins Pillerseetal abfallend;
b) nordöstlich:
   den **Breithornkamm** vom Großen Hinterhorn abgehend, längster Nebenkamm, der mit dem mächtigen Breithorn einen der bedeutendsten Gipfel in den Loferer Steinbergen stellt. Nach dem Steilabfall („Blaue Wand") des Breithorns biegt er nach Norden, später wieder Nordosten ab und findet seine niedrigere Fortsetzung in den Märzenmandeln und dem Wirtshörndl.
c) Ein schwach ausgeprägter, touristisch bedeutungsloser Seitenkamm zieht vom Großen Ochsenhorn über den Sattel zum Sattelhorn und nordwärts über die Prax und die Schwarzwand zum dicht bewaldeten Wechsel; der niedrige Rauchenberg, unweit von Lofer, beschließt ihn.
d) Auf die niedrigen Kammreste, einer vermutlichen Verbindung der Loferer mit den Leoganger Steinbergen, sei kurz hingewiesen: Traunspitz — Dreispitz — Hirschbadsattel — Hochsäul — Römersattel — Heueck — Barbarahorn.

Eine Eigenart der Loferer Steinberge — wie auch der Leoganger — ist es, daß die Kare und Karstfelder oft muldenförmige Vertiefungen aufweisen und daher häufig als **Gruben** bezeichnet werden, Zudem ist bemerkenswert, daß in den Karstfeldern dieser Gruben meist Versteinerungen (Kuhtrittmuscheln) zu finden sind; nicht selten entdeckt man dort auch Dolinen. Die bedeutenderen Gruben und Kare liegen nördlich des Hauptkammes.

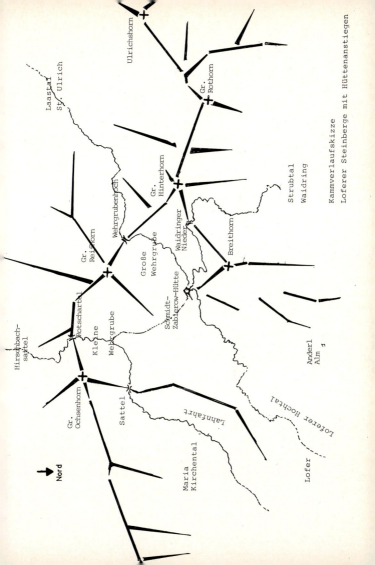

Kammverlaufskizze
Loferer Steinberge mit Hüttenanstiegen

II. Hütten und Hüttenwege

● **156**   **Schmidt-Zabierow-Hütte,** 1966 m

AV-Hütte der Sektion Passau, erbaut 1899. 12 B., 50 M. Die einzige Schutzhütte in den Loferer Steinbergen liegt zentral zwischen dem Breithorn, R 213, und dem Reifhorn, R 205, lawinensicher auf dem Gamskogel, am Nordostende der Großen Wehrgrube, einer Karstmulde mit Dolinen und Versteinerungen. Wenige Meter neben der Hütte zwei Hubschrauberlandeplätze. Der Ausblick in die Niederungen der Saalach, in das Loferer Talbecken mit der dahinter sich erhebenden Reiteralpe läßt die Harmonie dieser Landschaft gut in Erscheinung treten.

Bewirtschaftung Juli bis Mitte September, gegebenenfalls Auskunft einholen. Hinweise an einer Holzhütte im hinteren Teil des Loferer Hochtales beachten (am Beginn des markierten Steiges R 157)!

Winterraum: Schlüssel bei DAV-Sektion Passau, ÖAV-Sektion Lofer oder beim Hüttenwirt.

Auskünfte: DAV-Sektion Passau, ÖAV-Sektion Lofer, Verkehrsverein Lofer, Tel. 06248/322, PLZ A 5090.

Zugänge:

● **157** **Von Lofer,** R 25, 4 Std. vom Loferer Hochtal 3 Std. Kürzester und landschaftlich sehr schöner Weg.

Von Lofer westlich, auf der Bundesstraße E 17 in Richtung Tirol. Vorbei am Tennisplatz biegt man in das links (südlich) sich öffnende Loferer Hochtal ein, 20 Min. Im Tal bis zu einer Holzhütte, wo der markierte Steig beginnt (bis hierher auch mit dem Auto befahrbar), ½ Std. Nun rechts an der Hütte vorbei zum Steig, der nach 5 Min. links (östlich) in den Buchenwald führt. Auf dem gut markierten, steil ansteigenden Weg bis zu den Mauerresten der alten Steinberghütte, 1273 m, 1 Std. Weiter 200 m waagrecht querend, dann in steilem Anstieg nach 20 Min. zu einer Quelle (Unteres Trett). Durch den nun karger werdenden Vegetationsgürtel in Spitzkehren steil über das Mittlere und Obere Trett aufsteigend, zuletzt über Karststufen zu der nun schon gut sichtbaren Hütte.

● **158** **Von St. Martin,** R 49, R 38, 4½ Std., von Maria Kirchental, 4 Std.

Auf breitem Weg die Ortsmitte in Richtung Maria Kirchental (westlich) verlassen, 35 Min. Gegen Entrichtung einer kleinen Mautge-

Hüttenanstieg von Lofer durchs Loferer Hochtal

bühr kann bis Maria Kirchental mit dem Auto gefahren werden (der Wallfahrtsort ist auch von Lofer über Bad Hochmoos, R 35, auf dem Tiroler Steig zu erreichen).

Knapp vor der Wallfahrtskirche links (südlich) abschwenken, durch ein Gatter auf den markierten Schärdinger Steig (ein anderer Weg führt von hier über den Wechsel ins Loferer Hochtal). Neben der Lahnfahrt ansteigend, führt der Steig durch den Waldgürtel zur Prax und weiter zum unteren Rand der Großen Schneegrube (einige Höhlen in den Randzonen, Schnee bis zum Sommer) unter dem Großen Ochsenhorn, R 211. Durch den unteren Teil der Schneegrube zu den Schrofen des Sattelhornes hinauf, das dem Ochsenhorn vorgelagert ist. Durch die Schrofen in den Sattel zwischen Großem Ochsenhorn und Sattelhorn, 3 Std. Vom Sattel westlich haltend und hinab in die Kleine Wehrgrube zwischen Ochsenhorn und Reifhorn. Der Weg führt auf und ab, Karstfelder querend, zur sichtbaren Hütte, 1 Std.

● **159 Von Vorderkaser,** R 55, 5 Std. Landschaftlich herrlicher, sehr einsamer Hüttenanstieg.

Von der Bundesstraße 168 zwischen St. Martin und Oberweißbach westlich abzweigen nach Vorderkaser (Bushaltestelle). Guter Autofahrweg. Von der Jausenstation auf dem Holzweg westlich weiter zur Roßruck-Klamm. Durch diese hindurch und weiter, mäßig ansteigend, zum Rotschüttgraben, der nach ½ Std. zur Hochschüttachalm unter dem Fellerer Sand führt. Nun steiler weiter zum Hirschbadsattel unter dem Dreispitz. Hier vereinigis sich die Hüttenanstiege R 163 und R 159. Unter den Felsabstürzen des Dreispitzes, in östlicher Richtung zum Fellerer Sand. Diesen steil hinauf zum Rotschartel, R 191, 1 Std. Von der Scharte nördlich steil abwärts in die Kleine Wehrgrube zwischen Großem Ochsenhorn, R 211, und Reifhorn, R 205, unter dem der Weg zur Hütte führt.

● **160 Von St. Ulrich,** R 110, **durch das Lastal,** 4½ bzw. 5½ Std.

Vom Ort südlich nach Au und weiter nach Weißleiten zum Beginn des Lastales (markiert), ½ Std. Durch das Lastal auf dem Steig westlich, dann steil aufsteigend unter die Scheibenwand, 2 Std. Nun zwei Möglichkeiten:

● **161 Über das Wehrgrubenjoch,** R 188.

Unter der Scheibenwand südlich queren und die nördliche Begrenzung der Ulricher Grube entlang über die Karstfelder zum Wehrgrubenjoch, 1 Std. Vom Joch nun nördlich, steil in die Große Wehrgrube hinab, von dort nordöstlich zum Gamskogel mit der Hütte, 1 Std.

Auf dem Weg, R 157, zur Schmidt-Zabierow-Hütte,
im Hintergrund der Rauchenberg, das Hundhorn, R 44,
und das Massiv der Reiter Steinberge.

● **162 Über das Hinterhorn,** R 215.

Unter der Scheibenwand nördlich in das vom Nackten Hund und dem Mitterhorn begrenzte Mitterhornkar. Dieses quert man zu den Schrofen des Mitterhorns. Auf Bändern weiterqueren; dann in den Schrofen steil aufwärts über das Mitterhorn zum Großen Hinterhorn, R 215, 1½ Std. Vom Hinterhorngipfel hinab auf die Waidringer Nieder und auf Weg R 185 zur Hütte, 1½ Std.

● **163 Von St. Ulrich,** R 110, **über Hirschbadsattel und Rotschartel,** R 191, 5 Std. Landschaftlich sehr schöner, aber selten begangener Weg.

Von St. Ulrich in südlicher Richtung über Schwendt nach Hals und in das Grieseltal bis zu einer Jagdhütte, 1 Std. (bis hierher Fahrweg). In östlicher Richtung auf schmalem, steilem Weg unterhalb des Sommerkogels bis zum Beginn der Niederkaseralm. Vor Erreichen der Kaser im Graben (Wasser) hinauf zur verfallenen Maieralm, 1 Std. Den Grabenverlauf weiter durch Latschen und Graszonen zum Hirschbadsattel, 1 Std. Hier vereinigt sich der Weg mit Weg R 193.

● **164 Von Waidring,** R 91, 5 Std. Schöne Gebirgswanderung.

Das Dorf in östlicher Richtung auf der alten Straße verlassen, nach ½ Std. (2 km) zum Ascherbauern (bis hierher auch mit Auto gut befahrbar). Vom Gehöft südlich in den Waldgürtel und auf dem Holzweg entlang des Weißbachgrabens zur Jageralm/Jagdhütte, 1½ Std. (siehe auch Anmerkung unten). Von der Alm südöstlich weiter und nun durch den Latschengürtel steil aufwärts zur Griesbachquelle unter der Gjaidstatt (letztes Wasser). Steil weiter in das Kar und zwischen den wenig ausgeprägten Felsköpfen Gjaidstatt (östlich) und Gute Wand (westlich). In der nach oben ziehenden schrofigen Mulde empor zu den Schrofen an der Nordostflanke des Großen Hinterhorns, R 215, und über Bänder weiter zur Waidringer Nieder, R 185. Von hier absteigen zur Hütte.

Anmerkung:

„Weißbachgraben" laut DÖAV-Karte, 1925. In der Karte des Bundesvermessungsamtes, Wien, 1954, mit Aschachtalgraben bezeichnet. Nicht zu verwechseln mit dem westlich davon liegenden Aschachgraben.

● **165** frei für Ergänzungen.

III. Übergänge, Höhenwege und Einschnitte im Kammverlauf

Wegen der geringen alpinen Erschließung und der verhältnismäßigen kleinen Ausdehnung des Gebirgsstockes sind alle Übergänge darauf ausgerichtet, die einzige Hütte (Schmidt-Zabierow-Hütte, R 156) als Stützpunkt zu benützen. Viele davon sind daher bereits als Hüttenzugänge beschrieben. Außer diesen wird deshalb nur der Nurracher Höhenweg, R 166, besonders hervorgehoben und andere Höhenwege nur in knapper Übersicht geboten.

Die umliegenden Almen und Kaser bieten keine Übernachtungsmöglichkeit, da sie meist nicht bewirtschaftet sind, sondern nur der Jungviehzucht dienen.

Ein Wort zu den verschiedenen, häufig aus dem Volksmunde stammenden Bezeichnungen, die die Einsenkung unterschiedlichster Art tragen. Es handelt sich dabei um meist sehr alte Namen, die im großen ganzen recht sinnvoll die Unterschiede hinsichtlich der Struktur der Einsenkungen berücksichtigen.

Scharte (Schartl): enge, schmale Einsenkung, oft nur Einkerbung, mit steilem Anstieg; für Übergänge selten von Bedeutung, wohl aber für die Erreichung von Einstiegen. Beispiel: Rotschartel,

Joch: mäßig weite Einsenkung im Kammverlauf, die zum Übergang in ein anderes Tal dient. Beispiel: Wehrgrubenjoch,

Nieder: weitläufige Einsenkung im Kammverlauf, ohne Schwierigkeit zu erreichen. Beispiel: Waidringer Nieder.

● **166 Nurracher Höhenweg,** 9—10 Std.
(Nurrach = alter Name für St. Ulrich)

Einer der schönsten, landschaftlich eindrucksvollsten Höhenwege in den Nördlichen Kalkalpen. Der größte Teil des Weges führt über die westlichen Kammausläufer der Loferer Steinberge. Über Grate und Gipfel auf- und absteigend, dann wieder auf Bändern verlaufend, bietet er in abwechslungsreicher Folge eine Fülle von Eindrücken. Herrliche Tiefblicke in die Täler der West- und Nordseite und nach Süden der Fernblick zu den schneebedeckten Gipfeln der Hohen Tauern krönen das Erlebnis. Ein alpiner Leckerbissen für den berggewohnten, ausdauernden Wanderer, der die Einsamkeit und Stille sucht, aber auch die Gefahren langer Fahrten kennt.

Von St. Ulrich, R 110, nordöstlich auf die Bräualm, 1 Std., dann zum Jagdhaus hinauf, knapp vor diesem nach Norden abzweigen und

Gipfelkamm des Nurracher Höhenweges

einem erst schwach, später deutlicher ausgeprägten Grat zum Seehorn (Gipfelkreuz), 2¼ Std. Nordöstlich weiter am Grat entlang zum Ulrichshorn, R 217, 20 Min., und durch die Adolarischarte, R 181, zum Schafeckel, 1 Std. Nun auf einem Band unterhalb des Rothörndls in ein Kar, durch das man in die Einsenkung zwischen Rothörndl und Großem Rothorn, R 369, aufsteigt, 1½ Std. (Von hier kann das Rothörndl über den Ostgrat leicht erstiegen werden — Gipfelkreuz.)

Der Weg führt nun auf das Große Rothorn, dann auf das Östliche Rothorn und von diesem absteigend, an einer großen Doline vorbei, in die Ulrichsnieder. Weiter mäßig ansteigend über Bänder und kleine Wandstufen in 1 Std. zum Mitterhorn und schließlich in ¼ Std. zum Großen Hinterhorn, R 215. Von diesem Gipfel steigt man in östlicher Richtung zur Waidringer Nieder ab, 40 Min.

Als würdiger Abschluß dieser Kammwanderung kann von hier auch noch das Breithorn, R 213 erstiegen werden, 40 Min. Andernfalls gleich zur Schmidt-Zabierow-Hütte, R 186, absteigen, 1 Std.

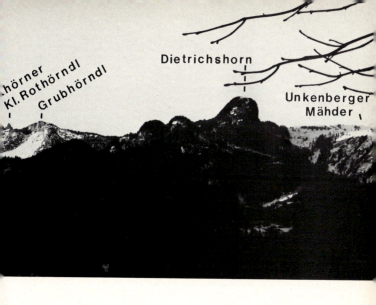

Aufziehendes Schlechtwetter von Westen kann durch den freien Blick zeitig erkannt werden. Ausweichmöglichkeiten bestehen ab Adolarischarte, R 181, Hinterhorn, R 215, Mitterhorn und Waidringer Nieder, R 185. Wasser kann ab Bräualm nur mehr aus eventuellen Schneeresten gewonnen werden.

Weitere Übergänge

● **167** Lofer, R 25 — Loferer Hochtal — Schmidt-Zabierow-Hütte, R 156 — Waidringer Nieder, R 185 — Jager-Alm, R 175 — Waidring, R 91, 8 Std.

● **168** Lofer, R 25 — Loferer Hochtal — Schmidt-Zabierow-Hütte, R 156 — Rotschartel, R 191 — Fellerer Sand — Vorderkaser, R 55, 8 Std.

● **169** Lofer, R 25 — Loferer Hochtal — Schmidt-Zabierow-Hütte, R 156 — Wehrgrubenjoch, R 188 — Lastal — St. Ulrich, R 110, 8 Std.

- **170** Lofer, R 25 — Tiroler Steig — Große Schneegrube, R 158 — Sattel, R 200 — Schmidt-Zabierow-Hütte, R 156 — Loferer Hochtal — Lofer, 7 Std.

- **171** Waidring, R 91 — Jageralm, R 175 — Waidringer Nieder, R 185 — Hinterhorn, R 215 — Lastal — St. Ulrich, R 110, 7½ Std.

- **172** St. Ulrich, R 110 — Hirschbadsattel — Rotschartl, R 191 — Schmidt-Zabierow-Hütte, R 156 — Wehrgrubenjoch, R 188 — Lastal — St. Ulrich, 9 Std.

- **173** St. Martin, R 49 — Maria Kirchental, R 38 — Große Schneegrube, R 158 — Sattel, R 200 — Kleine Wehrgrube, R 192 — Rotschartel R 191 — Vorderkaser, R 55, 7 Std.

Einschnitte im Kammverlauf

- **174**   **Elferscharte,** 1138 m

Diese Scharte wird nur bei Besteigung des Baumandls, der Wurzköpfe oder des Elferhörndls, von Bedeutung sein, weniger als Übergang zur Zwölferscharte, R 177.

- **175 Über die Jageralm,** 3 Std.

Vom Wirtshaus Strub, R 93, etwa 100 m die alte Straße entlang, zu einem sandigen Wildbachgerinne südwärts durch den schütteren Wald ansteigen. Über das Gerinne auf den grasdurchsetzten Hang und einen Steig steil aufwärts in den Wald, wo der Hang flacher wird und man nach 20 Min. auf einen breiteren Weg trifft. Auf diesem weiter bis zur Jageralm (Jagdhütte). Diese südwestlich verlassen, einem Bachverlauf folgen und zum Fuß eines Hangrückens auf den nun wieder sichtbaren Steig. Er führt immer aufwärts bis ins Kar unterhalb der Rothörner, 1 Std. Das Kar westlich queren zu einer gut sichtbaren Rinne, die von der Einschartung zwischen Elferhörndl und Baumandl herabzieht. In die Rinne einsteigen und zwei kurze Wandstellen überklettern, weiter leicht zur Scharte.

- **176 Über den Brunnkopf,** 2 Std.

Von Waidring in Richtung Lofer über die Brücke nach Unterwasser, über den Haselbach und nun nach Südosten zur Schefferau-Kapelle, 20 Min. Von dieser über den kleinen Bach und an dessen Ostseite einen Steig entlang, den Baumfahrtsgraben aufwärts. Am

Beginn der kleinen Felsschrofen im Bachlauf überquert man den Bach und steigt in südlicher Richtung aus der Waldzone in Richtung Brunnkopf auf. Der bewachsenen Zone auf den Brunnkopf folgen, von diesem durch latschendurchsetzte Schrofen zur Elferscharte.

● 177 **Die Zwölferscharte,** 2029 m

Zwischen Zwölferhörndl, und Rothörndl, hat nur untergeordnete Bedeutung.

● 178 **Über die Jageralm,** R 175, vom Kar 1 Std.

Wie R 175 bis ins Kar unter das Rothorn und nun in die geröllbedeckte Schrofenrinne mit rötlicher Lehmeinlagerung, die direkt in die Scharte mündet.

● 179 **Über den Brunnkopf,** R 176, von Waidring 3 Std.

Auf den Brunnkopf und nun den Steig unterhalb des Zwölferhörndls entlang, leicht ansteigend und zuletzt über grasdurchsetzte Schrofen zur Zwölferscharte.

● 180 **Übergang Elferscharte — Zwölferscharte,** 35 Min.

Von der Elferscharte unterhalb des Baumandls (Westseite) queren und über das Zwölferhorn unschwierig längs des Kammverlaufes zur Zwölferscharte absteigen.

● 181 **Adolarischarte,** 2145 m

Zwischen Truhe und Schafeckl im Ulrichshornkamm.

● 182 **Von St. Ulrich** 3½ Std. (= erster Teil des Nurracher Höhenweges, R 166)

Nordöstlich zur Bräualm, weiter zum Jagdhaus, nun in nördlicher Richtung den Steig zum Seehorn und Ulrichshorn, R 217, und über den Gratverlauf zur Truhe und Adolarischarte. Markierung.

● 183 **Von St. Adolari,** 3 Std.

Vom Wirtshaus über die Brücke Richtung Waidring und den Weg in den Wilden Steingraben. Nun entweder über die Teufelsklamm (südlich) oder am nördlichen Grabenhang entlang in den hinteren Teil des Grabens. An der Gabelung zur Südwestseite hinüberqueren und den Steilhang in das Geröllkar unter der Truhe hinauf. An der nordwestseitigen Geröllbegrenzung steigt man weiter in die Schrofenzone und über diese zur Scharte. In den Schrofen Markierung vorhanden.

● **184** **Ulrichsnieder,** 2303 m

Einschnitt im westlichen Teil des Hauptkammes zwischen dem Östlichen Rothorn und dem Hinterhorn, R 215. Wird hauptsächlich beim Übergang von den Rothörnern zum Hinterhorn begangen. Sie kann aber auch über die Röt erreicht werden, indem man beim Aufstieg zum Hinterhorn auf Höhe 2100 m vom Weg abzweigt. Der Abstieg vom Hinterhorn oder vom Rothorn bietet den Geübten keine Schwierigkeiten. Markierung.

● **185** **Waidringer Nieder,** 2304 m

Dem Breithornkamm eingelagerte wichtige Einsenkung zwischen Kleinem Hinterhorn und Breithorn, R 213. Günstig für die Besteigung des Kleinen und Großen Hinterhorns, R 215, und für die Gratwanderung zum Breithorn, R 213. Sie bietet auch den besten Übergang von Lofer nach Waidring und umgekehrt.

● **186** **Von der Schmidt-Zabierow-Hütte,** R 156, häufig begangen, 1¼ Std., markiert.

Nordwestlich in die Mulde hinab und über das kleine Geröllkar (Weg von Lofer) zur Südostflanke des Breithorns, R 213, ansteigen. Nun in weiten Serpentinen zu einem breiten, teils bewachsenen, teils geröllbedeckten Band. Weiter über den Geröllhang zur Schrofenzone, über diese hinauf und dann immer auf Bändern querend leicht ansteigend zur Waidringer Nieder.

● **187** **Von Waidring,** R 91, 3½ Std. markiert.

Richtung Lofer bis zum Ascherbauer (Straße), weiter auf dem Weg zur Jageralm. Diese kann auch vom Wirtshaus Strub, R 93, erreicht werden. Von der Jageralm südöstlich weiter zu den Griesachsteigquellen und durch die Latschenzone unter die Gjaidstatt aufsteigen. An der Südwestseite der Gjaidstatt in ein kleines Kar und über die Schrofenzone (Steig) und das Kleine Hinterhorn weiter zur Waidringer Nieder.

● **188** **Wehrgrubenjoch,** 2218 m

Im Hauptkamm eingelagert zwischen Nacktem Hund und dem Westlichen Reifhorn, die von hier leicht bestiegen werden können.

Nurracher Höhenweg. Abstieg vom Hinterhorn in Richtung St. Ulrich

Sehr lohnenswerter Übergang vom Lastal zur Schmidt-Zabierow-Hütte, R 156. Das Joch bietet sich auch für die Besteigung des Bischofs und der Geislhörner an. Vom Wehrgrubenjoch leitet die Ulricher Grube nordwestlich vom Geislhornkamm ins Lastal. Im oberen Teil schöne Karstfelder mit Dolinen, kleinen Höhlenbildungen und Versteinerungen.

● **189 Von der Schmidt-Zabierow-Hütte,** R 156, 1 Std.

Südwestlich hinab in die Große Wehrgrube und an deren rechtem, nordwestlichem Rand entlang bis zum großen Schneefleck unter dem Nackten Hund. Unter diesem südwestlich ansteigen und über die Schrofenzone südlich zum Wehrgrubenjoch. Auf den Steig achten; in der Schrofenzone ist etwas Vorsicht geboten.

● **190 Von St. Ulrich über das Lastal,** 3 Std., landschaftlich sehr schön, markiert.

Von St. Ulrich, R 110, auf der Straße in Richtung Weißleiten. Knapp davor Abzweigung zum Lastal. An der südöstlichen Seite des Bachgrabens über einen Rücken in die Ulricher Grube hinauf. Die nördliche Abzweigung führt über das Mitterhornkar zum Hinterhorn. Nun quert man von der Abzweigung den Hang in südöstlicher Richtung unter einem Felsabsturz des Nackten Hundes (Scheibenwand) entlang. Dann steigt man nördlich auf und gelangt über Karstböden nordöstlich zum Wehrgrubenjoch.

● **191 Rotschartel,** 2239 m

Einschartung im Hauptkamm zwischen Traunspitz, Skihörndl, R 209, und dem Großen Ochsenhorn, R 211. Der Übergang ist günstig für die Wanderung aus dem Schüttachgraben nach Lofer oder Maria Kirchental — St. Martin, R 49, oder umgekehrt, wobei auch die Schmidt-Zabierow-Hütte, R 156, leicht erreicht werden kann.

● **192 Von der Schmidt-Zabierow-Hütte,** R 156, 1½ Std. markiert.

Von der Hütte südöstlich absteigen und unterhalb des Reifhornes in die Kleine Wehrgrube, ca. 1950 m, zwischen Ochsenhorn, R 211, und Reifhorn, R 205, an deren Beginn man auf der westlichen Begrenzungsseite aufsteigt. Dann geht es über den teils begrünten Rücken zum Skihörndl, R 209. Auf etwa halber Höhe in südöstlicher Richtung, zuletzt über Geröll und leichte Schrofen in die Scharte mit rotem Gestein und Lehmeinlagerungen.

● **193 Von St. Ulrich über Grieseltal — Hirschbad,** 5 Std., teilweise nicht markiert.

Von St. Ulrich, R 110, südöstlich nach Schwent. Nach Hochfilzen weiter bis zur Abzweigung, dann nördlich nach Hals und von hier in das Grieseltal. Nun geht man entweder südlich, später nordöstlich über Niederkaser, oder nördlich durch das Grieseltal auf die Maieralm, wo sich die Wege wieder vereinigen. Bis hierher sind es von St. Ulrich 2½ Std. Weiter durch die beginnende Latschenregion über Grasflächen zum Hirschbadsattel, 45 Min. hinauf. Nun quert man in nordöstlicher Richtung unter dem Dreispitz in eine grasdurchsetzte Mulde und zum Fellerer Sand. Dieses Kar führt direkt ins Rotschartel. Am besten ist es, im unteren Teil, an der östlichen Begrenzungsseite aufzusteigen, bis man zu dem rötlichen Gesteinsabbruch gelangt. Von dort hält man sich westlich und steigt steil in die Rotscharte auf. Diese Tour gewährt einen schönen Einblick in die schroffen Südabstürze der Loferer Steinberge und ist landschaftlich sehr reizvoll.

● **194**   **Traunschartel,** 2017 m

Zwischen Vorderhorn und Kleinem Ochsenhorn. Kann vom Schüttachgraben, R 155, aus erreicht werden oder auch über Maria Kirchental, R 38, durch die Lärchgrube. Eignet sich zur Überschreitung des Ochsenhornkammes mit oder ohne Ersteigung des Vorderhornes.

● **195 Von St. Martin,** R 49, 3 Std., nur für Geübte (I).

Den Fahrweg westlich nach Maria Kirchental, R 38, hinter der Kirche über die Felder zum Wald. Am Beginn der Lahnfahrt über den Hüttenweg, R 158, aufsteigen. Von Maria Kirchental 1 Std. zur Jagdhütte. Nun quert man südlich in die Lärchgrube (Schneereste bis in den Spätsommer) unterhalb des Lärchhörndls hinauf. Über die Schotter- und Geröllhalden der Lärchgrube zu den oberen linken (südöstlichen) Felsschrofen hinunter. In diesen folgt man einer rötlichen Rinne und klettert über weitere Felsstufen durch einen Kamin auf leichtere, gut gestufte Schrofen immer an der Westflanke des Vorderhorns zur Scharte.

● **196 Vom Schüttachgraben,** R 155, 4 Std, nur für Geübte (I)

Von der Bundesstraße 5 km oberhalb St. Martin, beim Dürnbergbauern (Kapelle), in westlicher Richtung auf den Weg zur Almbergalm abzweigen, 1½ Std. Diese Alm kann auch von Vorderkaser,

R 55, über den Ödwinkel (Vorderkaserklamm) erreicht werden (bis Vorderkaser mit Auto befahrbar), 1 Std.

Weiter auf die Hinteralm, vom Jagdhaus westlich haltend und vom östlichen Almrand (Waldsaum) steil hinauf in das Kühkar. Nun kann man direkt zum Vorderhorn ansteigen oder auf breiten Hängen unter den Schrofen ins Mitterkar und das Steinkar queren. Vom Steinkar in die nach oben leitende Rinne, immer an der östlichen Felsbegrenzung empor zur Scharte.

● 197   Barmschoß, ca. 1800 m
                   (Wildschongebiet!)

Vor dem Breithorn, R 213 ist nordöstlich eine große Geröllmulde eingebettet, die für Geübtere einige Übergangsmöglichkeiten bietet. Der obere Teil der Mulde wird an der Breithornseite von einer steilen Wand begrenzt, die der Volksmund als „Blaue Wand" bezeichnet. Von der Barmschoß kann man auf einem alten Jagdsteig unterhalb des Breithorns auf Bändern zur Gjaidstatt gelangen; 1 Std. Ebenso kann an die Südostflanke des Breithorns gequert werden und unschwierig zur Schmidt-Zabierow-Hütte abgestiegen werden. Auf Steigspuren achten. 45 Min.

● 198 Vom Loferer Hochtal, 2 Std.

Von Lofer auf R 157 bis zum Beginn des Buchenwaldes, nun vom Hüttenweg nordwestlich abzweigen und den Osthang ansteigen oberhalb eines Grabens, der zum Breithorn, R 213, weist. Den Weg durch die schüttere Waldzone weiterverfolgen auf die Anderl-Alm (unbewirtschaftet), oberhalb der in westlicher Richtung die Fortsetzung des Steiges verläuft, der unter dem Eibelhorn an dessen Nordseite auf breiten Bändern, leicht ansteigend in die untere Barmschoß führt.

● 199 Von der Schmidt-Zabierow-Hütte, 1 Std. bzw. ¾ Std.

Auf dem Weg zur Waidringer Nieder, R 185, bis zum großen Geröllkessel, 20 Min., dann quert man auf den Bändern unter dem Breithorn („Bettstatt") in die Barmschoß, direkt unter der „Blauen Wand", 1 Std. Oder: Auf dem Weg zur Waidringer Nieder absteigen und nun in der Scharte zwischen Gamskogel und Breithorn, R 213, nach Nordnordwest ansteigen zu den Latschenflecken in einem kleinen Geröllkessel, diesen 100 m nördlich weiter ansteigen durch eine Rinne. Nach etwa 80 m quert man auf einem Grasband nach Norden in die Barmschoß, ¾ Std.

Blick vom Lauffeld-Loferer Alm zu den Loferer Steinbergen

● **200** „Sattel", 2367 m

Zwischen Großem Ochsenhorn, R 211, und Sattelhorn, R 158. Wird beim Hüttenanstieg von St. Martin — Maria Kirchental, R 38, benützt. Hier zweigt auch der Normalanstieg, R 212, zum Großen Ochsenhorn ab.

● **201—204** frei für Ergänzungen

IV. Gipfel und Gipfelwege

● 205   **Großes Reifhorn,** 2487 m

Erstbesteigung: L. Doppler, 1869. Eine schöne Felspyramide, die sich etwa in der Mitte des Hauptkammes erhebt. Vom Saalachtal aus gesehen, ragt das Große Reifhorn genau zwischen Ochsenhorn und Breithorn aus den Schneefeldern der Großen und Kleinen Wehrgrube auf. Es erweist sich durch Lage und Schönheit als echter Mittelpunkt, dem die beiden mächtigen Felsstöcke zur Seite mit ihren bewaldeten Hängen und Vorbergen den rechten Rahmen geben.

● 206   **Normalanstieg (Michael-Steiner-Weg),** I, 2 Std., markiert.

Von der Hütte, R 156, südostwärts absteigen und die Schluchtrinne, die aus der Großen Wehrgrube kommt, queren. Zuerst an der Nordwestflanke des Reifhorns, dann um den Nordgrat unterhalb der „Nase" auf breitem Band herum. Nun an der Ostflanke auf breiten, anfangs bewachsenen Bändern eine Rinne queren und weiter über die ansteigenden Bänder zu einer Rinne mit glatten, geneigten Wandstellen (Griffe einzementiert). Gerade empor zu einer Scharte (Weinschartl). Von hier über den kurzen Wandaufschwung, weiter südlich haltend, auf den Gipfel.

● 207   **Nördliches Reifhorn „Kreuzreifhorn",** 2460 m

Dem Großen Reifhorn, R 205, nördlich vorgelagerte Graterhebung, die von Lofer sehr schön zu sehen ist, mit schönem Gipfelkreuz. Dieser Vorgipfel des Großen Reifhorns wird häufiger erstiegen als der Hauptgipfel selbst.

● 208   **Normalanstieg,** ¼ Std.

Wie bei R 206 ins Weinschartl und nun von der Scharte nördlich über den Grat weiter ansteigen zu einer überhängenden Wandstufe; unter dieser rechts (östlich) in eine Verschneidung und in dieser empor (einzementierte Griffe und Tritte). Wieder auf den Grat, den man auf- und absteigend nun ohne Schwierigkeit zum Gipfelkreuz verfolgt.

Blick vom Weg zum Reifhorn, R 208, auf das östliche Reifhorn ▶

● **209**   **Skihörndl**, 2286 m

Der im großen Kammverlauf zwischen Reifhorn, R 205, und Großem Ochsenhorn, R 211, eingelagerte Gipfel ist leicht ersteigbar. Touristische Bedeutung im Sommer gering, im Frühjahr häufig das Ziel von Skifahrern.

● **210**   **Nordseite**, 1 Std.

Aufstieg von der Kleinen Wehrgrube, R 192, über leichtes, gut gestuftes Gelände ohne jede Schwierigkeit.

● **211**   **Großes Ochsenhorn**, 2513 m

Höchster Gipfel der Loferer Steinberge, dessen Ersteigung sehr lohnend ist. In seiner Südwand befindet sich eine Höhle, die sich hoch und weit öffnet, jedoch nur geringe Tiefe aufweist. Gegen Osten schließen sich die weiteren Ochsenhörner von geringerer Höhe an.

● **212**   **Normalweg**, 1 Std. von der Scharte. Leichte Kletterei, sehr schöne Tour, markiert.

Von der Schmidt-Zabierow-Hütte unter dem Reifhorn durch die Kleine Wehrgrube, R 192, in die Einschartung zwischen Sattelhorn und Großem Ochsenhorn aufsteigen (1 Std.). Diese Einschartung kann auch von Maria Kirchental, R 38, auf dem markierten Schärdinger Steig in 2½ Std. erreicht werden. Von der Einschartung folgt man dem schwach ausgeprägten Grat bis knapp unter das Gipfelplateau. Nun die linker Hand (östlich) liegende, mit Geröll und Schutt bedeckte Steilrinne querend auf den Gipfel.

● **213**   **Breithorn**, 2413 m

Erstbesteigung: L. Doppler, 1869, Zt. d. DÖAV 1900/1901. Einer der schönsten und markantesten Gipfel der Loferer Steinberge, der dem nordöstlichen Seitenkamm seine Bedeutung verleiht (Gipfelkreuz). Aus dem Loferer Talbecken besticht sein Anblick durch wuchtigen Aufbau mit steilen Wänden und Graten („Blaue Wand" im Nordosten). Von Westen, aus dem Waidringer Tal, erscheint er wie eine Pyramide. Zu seiner Ersteigung bedarf es alpiner Erfahrung. Der Normalweg über den Südwestgrat ist zur Zeit nicht markiert und weist keine Sicherungen auf. Er fordert von den Begehern Findigkeit in der Routenführung. Alle diese Schwierigkeiten werden jedoch belohnt mit einer herrlichen Aussicht in das Loferer Talbecken, das Strubtal und zu den schneebedeckten Höhen der Hohen Tauern. Dem Breithorn nördlich vorgelagert ist die Schmiedrinne, etwa 1900 m, ein von Geröll bedeckter Boden; nordwestlich von den Märzenmandeln flankiert, im Norden zur Barmschoß geöffnet, ist es im Nordosten vom kurzen steilen Aufschwung der Eibelhörner begrenzt; gegen Osten bricht es zu den Trettern des Loferer Hochtales ab.

● **214 Südwestgrat, Normalanstieg,** I (keine Markierung, einzelne Steindauben), 1 Std.

Von der Hütte, R 156, zur Waidringer Nieder, R 185 (hierher auch von St. Ulrich über das Lastal oder vom Paß Strub, R 34, Markierung). Von der Waidringer Nieder über den Gratverlauf in nördli-

Blick vom Weg zum Breithorn auf das Ochsenhorn, R 213

Lofer mit Loferer Steinbergen

cher Richtung auf- und absteigend über kleine Felsstufen und über den anschließenden Felsaufschwung direkt hinweg auf das Gipfelplateau. Nun nördlich weiter zum Gipfel (Kreuz).

● **215**   **Großes Hinterhorn,** 2506 m

(Auf vielen Karten fälschlich auch als Mitterhorn bezeichnet.) Erstbeher: Pater C. Thurwieser, 1833, Hüttenbuch. Sehr beliebter, lohnender Aussichtsberg, von der Hütte aus leicht zu begehen. Zweithöchster Gipfel der Loferer Steinberge. Gipfelkreuz. Sein terrassenförmiger Aufbau bildet keine Abstürze oder Wände im üblichen Sinne.

● **216 Normalweg, Südostflanke,** 1 Std., markiert.

Von der Waidringer Nieder, R 185, etwas in nordwestlicher Richtung unter dem Kleinen Hinterhorn durchqueren zu einer Scharte. Von hier auf Bändern in die Südostflanke des Großen Hinterhorns und auf dem Steig leicht über die Schrofen zum Gipfel.

● **217**   **Ulrichshorn,** 2155 m

Die höchste Erhebung auf dem vom Rothörndl abzweigenden Ulrichshornkamm. Es wird auf vielen Karten irrtümlicherweise als Seehorn bezeichnet. Bester Anstieg von St. Ulrich aus über den Nurracher Höhenweg, R 166. Die schöne Aussicht auf die Hohen Tauern und der bezaubernde Tiefblick auf den klaren Pillersee sind außerordentlich lohnend. Von St. Ulrich Richtung Lastal gehen und auf markiertem Weg über die Bräualm zum Gipfel, 3½ Std.

● **218—300** frei für Ergänzungen.

---

*Für Bergwanderungen und Bergtouren
sind unentbehrliche Begleiter*

FÜHRER und KARTEN

aus der

Bergverlag Rudolf Rother GmbH · München

Zu beziehen durch alle Buchhandlungen

Verlangen Sie bitte unverbindlich einen Gesamtprospekt!

D. Bergfahrten in den Leoganger Steinbergen

I. Gliederung

Die Gruppe der Leoganger Steinberge wird durch die Verbindung mehrerer Kammverläufe charakterisiert.

Der **Hauptkamm** hat die Streichungsrichtung Nordwest — Ost mit einem deutlichen Knick beim Großen Dreizinthorn. Von ihm zweigen drei kräftige Nebenkämme nach Norden ab:

Der **Sauhornkamm** löst sich beim Kugelkopf vom Hauptkamm.

Der **Rothornkamm** löst sich beim Hundshörndl vom Hauptkamm. Er ist der bedeutendste Steinkamm und steht dem Hauptkamm an Länge und Mächtigkeit kaum nach.

Der **Kuchelhornkamm** löst sich beim Birnhorn, R 361, vom Hauptkamm und verzweigt sich beim Kuchelhorn, R 364, neuerlich in einen nordöstlich und einen östlich ziehenden Ast. Eine Eigenart der Leoganger Steinberge — wie auch der Loferer — ist die besondere Bildung der Kare und Karstfelder. Sie haben hier größere Ausdehnungen als in den Loferern, die muldenförmigen Vertiefungen („Gruben") und Dolinen sind ausgeprägter als dort. Schöne Versteinerungen (Kuhtrittmuscheln) finden sich auch hier. Die bedeutenden Kare und Gruben liegen ebenso wie in den Loferer Steinbergen an der Nordseite des Hauptkammes. Die Südseite wird von Steilwänden gebildet.

II. Hütten und Hüttenwege

● **301**   **Passauer Hütte,** 2051 m

Errichtet von der Sektion Passau des DAV. Nach dem zweiten Weltkrieg abgebrannt und wieder hergestellt. In den Sommermonaten Samstag und Sonntag bewirtschaftet, 4 B., 30 M. Hüttenschlüssel in Leogang bei der ÖAV-Sektion oder beim Hüttenwirt. Die Hütte steht oberhalb der Mittagsscharte, R 346, zwischen Fahnenköpfl und Hochzint, R 367.

Kammverlaufsskizze Leoganger Steinberge ▶

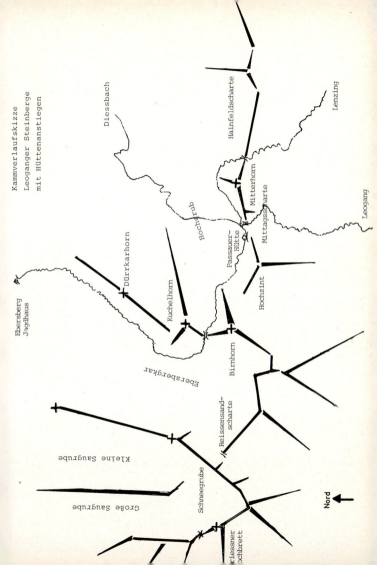

● **302 Von Leogang,** R 119, 3 Std. gut bezeichnet, Markierungsnummer 40.

Von der Mitte des Ortes nordöstlich auf breitem Weg über die Leoganger Ache ins Rosental, weiter nach Ullach und zu der Voralpe

Blick vom Dorfplatz Leogang
zu den Südabstürzen der Leoganger Steinberge

Kaserstatt (bis hierher auch mit Pkw befahrbar). Nun zwischen Birnbach (westlich) und Örgenbach (östlich) auf dem Saumpfad an dem Holzkaser vorbei und über das Wiesengelände zur Hasenhöhe; nun folgt man dem Weg durch die Waldzone weiter. Durch latschenbewachsenes Gelände und später über eine Schrofenzone auf gut befestigtem Steig zur Mittagsscharte, R 346, von ihr westlich zur Hütte.

Weitere Anstiege von Leogang aus haben als Hüttenanstieg keine Bedeutung.

● **303 Von Weißbach, R 61, über das Ebersbergkar,** 4 Std.

Von der Ortschaft südöstlich zum Wirtshaus Fronwies an der Bundesstraße. Hier von der Straße ab über die Saalach zum Hackerbauern. Hinter dem Gehöft über die breite Forststraße zu dem Weg, der westwärts zum Ebersbergjagdhaus ansteigt (Holzziehweg, Ww. Nebelsberg). Dem schönen Weg etwa 30 Min. folgen bis zu einer Abzweigung. Auf dem rechten, nördlichen, schmalen Weg am Brunnen vorbei zum Jagdhaus Ebersberg, 2 Std. Vom Jagdhaus südwestlich an einem verfallenen Kaser vorbei durch den Lärchwald hinauf ins Ebersbergkar, eine stark verkarstete, geologisch sehr interessante Hochfläche (Granitfindlinge, Überreste von starken Vergletscherungen, schöne Versteinerungen, Dolinen; ganzjährig Schnee).

Auf den immer undeutlicher werdenden Steigspuren unterhalb der Steilabfälle von Dürrkarhorn und Kuchelhorn, R 364, in der Randzone des Ebersbergkars aufsteigen, bis man unschwierig in die Kuchelnieder, R 337, gelangt. Von der Ebersberg-Jagdhütte 2 Std.

Weiter auf markiertem Weg in umgekehrter Richtung zur Hütte, 1 Std.

● **304 Von Weißbach über Dießbach-Bauer und Hochgrub,** 4 Std.

Von Oberweißbach 3 km nach Dießbach auf der Bundesstraße (Postautohaltestelle). An der Südseite des rechten Gehöftteiles über die Saalach. Die Wiesen werden westlich gequert, an ihrem nördlichen Ende beginnt der markierte Weg. Er führt in steilen Serpentinen zur Niedergrub empor. Nun an dem nördlich gelegenen Jagdhaus vorbei und den am Südhang leicht ansteigenden Weg weiter (nicht auf die Hochtretter mit Almhütte vorgehen!). Über die Goldlacke (Wasser) unter dem Metzhörndl, R 343, vorbei in die Hochgrub, eine stark verkarstete, in die Niedergrub mäßig abfallende Hochfläche (Dolinen, Versteinerungen, ganzjährig Schneereste). Die Hochgrub querend zur Mittagsscharte, R 346, und zur Hütte.

III. Übergänge, Höhenwege und Einschnitte im Kammverlauf

Die Passauer Hütte der Leoganger Steinberge hat verglichen mit der Schmidt-Zabierow-Hütte der Loferer Steinberge eine weniger zentrale Lage. Dennoch sind die meisten Übergänge auch als Hüttenzugänge zu werten, da sie der einzige Stützpunkt des Gebietes ist. Die Almen in der Umgebung sind meist nicht mehr bewirtschaftet und bieten keine Übernachtungsmöglichkeit.

Folgende empfehlenswerte Übergänge werden in knapper Übersicht geboten. Sie sind leicht zu variieren und können außerdem in beiden Richtungen jeweils ohne Veränderung der Gehzeiten gleich gut begangen werden. Die Gehzeiten sind nicht zu knapp bemessen.

a) Übergänge (Ein- und Zweitagestouren)

● **305 Leogang,** R 119 — Mittagsscharte, R 346 — Passauer Hütte, R 301 — Hochgrub, R 312 — Niedergrub — **Dießbach.** Markiert, 8 Std.

● **306 Leogang,** R 119 — Bahnhof Leogang — Riedelalm, R 334 — Riedelgang — Ritzenkar, R 334 — Ritzenkarscharte, R 333 — Kuchelnieder, R 337 — Passauer Hütte, R 301 — Mittagsscharte, R 346 — **Leogang.** Markiert, 10 Std.

● **307 Leogang,** R 119 — Sinning, R 124 — Lettelalm — Hainfeldscharte, R 349 — Hochgrub, R 312 — Mittagsscharte, R 346 — Passauer Hütte, R 301 — **Leogang.** Teilweise markiert, 9 Std.

● **308 Leogang,** R 119 — Rosental — Mittagsscharte, R 346 — Passauer Hütte, R 301 — Kuchelnieder, R 337 — Birnhorn, R 361 — Ebersbergkar, R 303 — Hundshörndl — Schneegrube — Grießener Rotschartel, R 315 — **Marchandalm** (oder Willeckkopf) — **Hochfilzen,** R 129. Teilweise markiert, 13 Std.

● **309 Weißbach,** R 61 — Frohnwies, R 63 — Hackerbauer, R 63 — Ebersberg — Jagdhaus — Ebersbergkar, R 303 — Kuchelnieder, R 337 (ab hier markiert) — Passauer Hütte, R 301 — Hochgrub, R 312 — Niedergrub — **Dießbach,** 9 Std.

● **310 Schüttachgraben,** R 155 — Vorderkaser, R 55 — Dahlsenalm, R 155 — Rothornkarl — Kleine Saugrube — Rotnieder, R 321 — Ebersbergkar, R 303 — Kuchelnieder, R 337 (ab hier markiert)

— Passauer Hütte, R 301 — nun entweder nach **Leogang** oder nach **Dießbach.** 10 Std.

● **311 Hochfilzen,** R 129 — Außerschüttachalm — Marchandalm (bis hierher markiert) — Grießener Rotschartel, R 315 — Große Saugrube — Schneegrube — Hundshörndl — Reißensandscharte, R 327 — Ebersbergkar, R 303 — Kuchelnieder, R 337 (ab hier wieder markiert) — Hochgrub, R 312 — Passauer Hütte, R 301 — Mittagsscharte, R 346 — Hainfeldscharte, R 349 — Lettelalm — **Leogang,** R 119. 15 Std. Einer der großzügigsten und schönsten Übergänge in den Leoganger Steinbergen.

---

*Das Wissen um die alpinen Gefahren
hilft das Risiko einer Bergfahrt zu vermindern*

Aus der Lehrschriftenreihe des Bergverlages:

Helmut Dumler
Alpine Gefahren

Gefahren beim Felsbergsteigen – Gefahren bei Gletscher- und Eistouren – Lawinen und Schneebretter – Das Wetter und seine Gefahren – Gefahren der Höhe und der Sonne – Biwak – Ausrüstung.
148 Seiten mit Farbbildern, Schwarzweißfotos und Zeichnungen.
1. Auflage 1978.

Zu beziehen durch alle Buchhandlungen

Bergverlag Rudolf Rother GmbH · München

b) Einschnitte im Kammverlauf

Von den in den Loferer Steinbergen gebräuchlichen Bezeichnungen Scharte, Joch, Nieder (siehe Einleitung) finden sich in den Leogangern nur zwei: Scharte und Nieder. Joch, ein im Tirolischen üblicher Ausdruck für mäßig weite Übergänge, fand in diesem Gebiet nie Verwendung, dagegen drangen durch die Lage der Loferer Steinberge unmittelbar an die alte Verkehrsader Strubtal Tiroler Ausdrücke in den Wortschatz der Bevölkerung ein.

● **312**   **Barbarascharte,** 1988 m

Im westlichen Ausläufer des Hauptkammes, zwischen Barbarahorn und Kleinem Marchandhorn, von geringer Bedeutung.

● **313** **Über Außerschüttachalm,** R 155, Kübelalm, Marchandalm, unter dem Kleinen Marchandhorn querend auf dem Jägersteig, dann in der Rinne, die direkt zur Scharte führt, hinauf.

● **314** **Von der Innerschüttachalm,** R 155, über das Heueck, anschließend unter dem Marchandhorn in den Graben und durch die Rinne zur Scharte.

● **315**   **Grießener Rotschartel,** 2321 m

Zwischen Grießener Hochbrett und Marchandhornkamm.

● **316** **Von der Außerschüttachalm,** R 155, 3 Std.

Über Kübelalm, Marchandalm, dann auf dem anschließenden Steig unter den Marchandhornschrofen zur Jungfrau; weiter über den Rücken und die anschließenden gut gestuften Schrofen zur Scharte.

● **317** **Von Grießen,** 4 Std.

Beim Dötlingwirt nördlich abzweigend und über die Bahn westlich zum Bauerngehöft Hartl (bis hierher mit Auto befahrbar). Nun auf den Wiesen, westlich vom Wasserschloß, auf der Rippe in den Wald hinauf, dort kleiner, verwachsener Weg zur Schafalm, 1 Std. Jetzt nordwärts über den Graskamm in eine Mulde und in dieser nach Südosten aufsteigen, durch den Wald und in den Latschengassen zum Hochdurrachkopf, ¾ Std. Wenig absteigen und weiter durch Latschengassen und Kämme zur Jungfrau, 1909 m, 30 Min. Dem schotterigen Kammverlauf folgen und, zuerst gerade, dann unter einer Steilstufe, in nordöstlicher Richtung aufsteigen über die geröllbedeckten Schrofen zur Grießener Rotscharte.

- **318 Von Hochfilzen,** R 129, 4½ Std.

In östlicher Richtung zum Wald un über die Willeckhöhe zur Schafalm, weiter wie R 317.

- **319 Aus der Großen Saugrube,** ½ Std.

Die Scharte kann über Schneefelder und über eine Geröllstufe leicht erreicht werden.

- **320   Kesselleitenscharte,** 2395 m

Zwischen Kesselpleike und Dreizinthörnern wird am besten aus der Schneegrube aus erstiegen. Keine Schwierigkeit. ½ Std. Von hier unschwierig zur Kesselpleike oder dem Kleinen Dreizinthorn. Sonst ohne Bedeutung.

- **321   Rotnieder,** 2376 m

Im Rothornkamm, zwischen Passauer Kopf und Schafspitze.

- **322 Von der Dahlsenalm,** 916 m, R 155, 3 Std.

Den zur Kleinen Saugrube ziehenden Saurüsselbach westwärts ansteigen, auf schlecht erkennbarem Steig in das Rothornkar. Weiter am ostseitigen Rand in die Kleine Saugrube und über leichte Schrofen (geröllbedeckt) zur Scharte.

- **323 Von der Kuchelnieder,** R 337, 1½ Std.

In das Ebersbergkar absteigen, R 303, dieses hochqueren in Richtung Reißensandscharte, R 327. Etwa in Mitte des Karbodens steigt man Richtung Passauer Kopf, weiter. Stark verkarstetes Gebiet.

- **324   Heitzmannscharte,** 1897 m
  (in der AV-Karte von 1925 irrtümlich Heinzmannscharte)

Zwischen Lahnerhorn, und Großem Rothorn, R 369, im Ausläufer des Rothornkammes.

- **325 Von Vorderkaser,** R 55, 2½ Std.

Nächst dem Gasthaus über den Holzziehweg zum Marderschneidgraben aufsteigen. Am Osthang des Grabens steil nach oben. Über den grasdurchsetzten Geröllhang steil in die Scharte.

- **326 Von Weißbach,** R 61; 3½ Std.

Zum Ebersberg-Jagdhaus; über die Grünzone an verfallenen Kaserstätten vorbei, dann über Karstfelder zu einer grasdurchsetzten Steilrinne, die direkt in die Scharte führt.

- **327**   **Reißensandscharte,** 2302 m

Zwischen Hundshörndl und Rothörndl zum Hauptkamm.

- **328**   **Von Hütten,** 5 km westlich von Leogang; 4 Std.

Auf Weg 15 zur Reiteralm und über die Almfläche gerade empor zum Steig, der in den Hinterrettenbachgraben (westwärts) leitet. Auf dem gut begehbaren Steig zur Gerwald-Jagdhütte, 1425 m, 2 Std. Von der Jagdhütte westwärts in den Reißensandgraben absteigen. Den ersten Graben überqueren und an der nun folgenden latschenbewachsenen Rippe hinauf zu einem weiteren Graben (alte Steigspuren, Sicherungsgriffe). Aus dem Graben weiter aufwärts zu altem, schlecht sichtbarem Steig. Dieser leitet nun, westlich ansteigend, zu der großen Sandrinne unter den Wänden des Westlichen Rothörndls und des Großen Dreizinthorns. Am Rande der Felswände des Schaleithorns, aufsteigen, dann über das Geröllfeld (hier Abzweigung in das Leoganger Rotschartel) den Geröllkessel unter den Rothörnern durchqueren. Über den leicht ansteigenden Geröllhang zur Reißensandscharte.

- **329**   **Übers Ebersbergkar,** R 303; 10 Min.

Von seinem südwestlichen oberen Ende unschwierig zur Scharte.

- **330**   **Leoganger Rotschartel,** 2352 m

Zwischen Östlichem Rothörndl und Westlichem Schaleithorn.

- **331**   **Von Hütten,** 3½ Std.

Wie R 328; Abzweigung im Geröllgerinne an den Ausläuferfelsen des Rothörndls.

- **332**   **Übers Ebersbergkar,** R 303; ½ Std.

Vom südlichen Ende desselben unschwierig über Karstfelder und Karststufen.

- **333**   **Ritzenkarscharte,** 2417 m

Zwischen Östlichem Schaleithorn und Jauzkopf im Hauptkamm. Interessanter Übergang. Wichtig für den Birnhorn-Südwestgrat.

- **334**   **Von Leogang,** R 119, 3½ Std.

Vom Bahnhof Leogang über Riedl zur Riedlalm, 1219 m. An der westlichen Almfläche zum Riedelgang hinauf, dann quert man westwärts unter dem Gamskogel einen Graben. Nun den bewaldeten Rücken steil aufwärts ins Ritzenkar und durch dieses zur Scharte. Gut erkennbarer Steig.

● **335 Von Hütten,** 4 Std. R 328 zur Gerwald-Jagdhütte, von dieser ostwärts queren, knapp vor dem vierten Graben, dem Vorderen Rettenbach, zur Scharte.

● **336 Von der Kuchelnieder,** ¾ Std., R 337, über Geröllstufen südwestlich ins Ebersbergkar absteigen; unter dem Birnhorn, R 361, auf Karstfeldern leicht ansteigend queren und in die Scharte.

● **337**   **Kuchelnieder,** 2434 m

Sanfte Einscharung im Kuchelhornkamm zwischen Birnhorn, R 361, und Kuchelhorn, R 364. Häufig begangen; vermittelt den besten Übergang Ebersbergkar — Hochgrub, leichtester Hüttenabstieg vom Birnhorn.

● **338 Von der Passauer Hütte,** R 301; 1 Std., markiert und gesichert.

Westlich am oberen Rand der Hochgrub ansteigen zur auch im Sommer meist schneebedeckten Mulde unter dem Birnhorn, R 361, und Kuchelhorn, R 364. Von hier über Geröll und Schnee und die folgende Schrofenzone gerade empor in die deutlich sichtbare tiefe Einsattelung.

● **339 Vom Ebersbergkar,** R 303; 20 Min.

Über die Schrofenzone beliebig und unschwierig.

● **340**   **Hochgrubenscharte,** 2203 m

Im Kuchelhornkamm zwischen Kuchelhorn, R 364, und Dürrkarhorn. Sehr selten begangen; möglicher Übergang Ebersbergkar — Dürrkar, günstig für die Besteigung des Dürrkarhorns oder den Nordostgrat des Kuchelhorns, R 364.

● **341 Vom Dürrkar,** ½ Std.

Nördlich die grasdurchsetzte Steilrinne gerade empor in die deutlich erkennbare tiefste Einscharung im Gratverlauf.

● **342 Vom Ebersbergkar,** R 303; 1½ Std.

Den Steig am Beginn der Karstfelder südlich verlassen und in der Schrofenzone empor zur Scharte.

● **343**   **Metzhörndlnieder,** 2118 m

Im östlichen Kammast des Kuchelhornkammes, zwischen Kuchelhorn, R 364, und Metzhörndl. Ohne große Bedeutung. Möglicher

Übergang Hochgrub — Dürrkar, günstig für die Besteigung des Metzhörndls und den Kuchelhorn-Ostgrat.

● **344 Von der Passauer Hütte,** R 301; ¾ Std.

Auf R 388 in die Mulde; nun den oberen Teil der Hochgrub leicht abwärts queren und direkt in die Einsattelung.

● **345 Vom Dürrkar,** ¼ Std.

Unschwierig empor in die Scharte.

● **346** **Mittagsscharte,** 2031 m

Im Hauptkamm, zwischen Hochzint, R 367, und Fahnenköpfl; Standort der Passauer Hütte; günstig für Fahnenköpfl, Mitterhorn und Hochzint, R 367, sowie für das Birnhorn, R 361, über das Melkerloch, R 366, oder die Kuchelnieder, R 364.

● **347 Von Leogang,** 3 Std., R 302.

Weg mit Markierungsnummer 40.

● **348 Von Dießbach,** siehe R 304.

● **349** **Hainfeldscharte,** 1949 m

Im östlichen Ausläufer des Hauptkammes, zwischen Mitterhorn und Brandhorn, Übergang vom Lettelbachgraben (Lettelkaser) zur Hochgrub, günstig für die Besteigung des Mitterhorns.

● **350 Von Leogang,** R 119, **über Rosental und Sinning,** R 124, **nach Mitterbrand,** 3 Std.

(Von der Straße Saalfelden her). 2 km vor Leogang rechts (nördl.) nach Lenzing abzweigen und über die Perner-Mühle nach Mitterbrand (bis hierher mit Auto befahrbar). Weiter nach Hochbrand, über die Wiesenfläche am Waldrand zum Kammrücken, auf breitem Weg im Wald zur Lettelalm. Bis hierher Markierung Nr. 12, von Mitterbrand 1 Std. Vom Kaser westwärts auf den Hainfeldriedel, über diesen Kammrücken durch die Latschenzone und auf schwach ausgeprägten Steigspuren zur Scharte. Von der Lettelalm 2 Std.

● **351 Von der Hochgrub,** R 312, ¾ Std.

Unterhalb der Felswände des Mitterhorns gelangt man auf- und absteigend in ein Geröllkar, von dessen oberen Ende man über eine Schrofenzone in die Scharte aufsteigt.

● **352—360** frei für Ergänzungen.

IV. Gipfel und Gipfelwege

● 361 Birnhorn, 2634 m

Der höchste und wohl auch schönste Gipfel in den Leoganger Steinbergen. Die Ersteigung zählt zu den landschaftlich schönsten Fahrten in den Salzburger Kalkalpen. Seine gewaltige Südwand gibt dem ganzen Massiv das Gepräge und bietet vom Leoganger Tal und Saalfeldener Becken einen großartigen Anblick. Ein Vergleich mit der Watzmann-Ostwand ist, auch hinsichtlich Schwierigkeit und Höhe, nicht zu scheuen. Die Aussicht vom Gipfel (Kreuz) auf den Tauernhauptkamm ist kaum von irgendwo anders schöner.

Erstbegehung: Pater Thurwieser und Stachelsberger, 1831. Erste Winterbesteigung: Gebr. Hilzensauer, 1897, ÖAZ 1898.

● 362 **Nordflanke (Normalweg)**, 35 Min., 200 m, gut markiert.

Von der Passauer Hütte auf R 338 zur Kuchelnieder, von dieser unterhalb des Grates in die Nordflanke queren bis zu einer Rinne mit roten Lehmeinlagerungen. Weiter westwärts ansteigen zu einem breiten, mit Geröll bedeckten, steil nach oben führenden Band, über das man den Gipfel erreicht.

● 363 **Südwand, Hofersteig (Normalweg)**, I, 400 m, 2 Std., gut markiert.

Von der Passauer Hütte dem Weg R 338 etwa ¼ Std. folgen, dann südwestlich zum Melkerloch abzweigen. In die Scharte zwischen Melkerloch, R 366, und Birnhorn aufsteigen in den oberen Teil der gut gestuften Südwand. Der Steig führt in schöner, leichter Kletterei über Bänder und Serpentinen bis zum Gipfel.

● 364 Kuchelhorn, 2500 m

Erstbegehung: M. Hofer, 1860. Schöner Gipfel im Schatten des Birnhorns, zwischen Kuchelnieder, R 337, und Dürrkarhorn. Die Südseite fällt steil in die Hochgrube, R 312, ab.

● 365 **Südwestgrat (Normalweg)**, 10 Min.

Von der Kuchelnieder, R 337, über den Kamm leicht zum Gipfel.

Blick vom Hofersteig aufs Birnhorn, R 363, zum Mitterhorn

● **366** **Melkerloch,** 2193 m

Naturdenkmal. Großer Felsdurchbruch zwischen Hochzint, R 367, und Birnhorn, R 361. Ermöglicht einen großartigen Durchblick auf die Hauptkette der Hohen Tauern, in das Saalfeldener Talbecken und gegen die Südwand des Hochzints. Auf dem Grund des Loches ganzjährig Schnee (Wasser!); es wird meist im Zuge der Birnhornersteigung besucht (Hofersteig, R 363).

● **367** **Hochzint,** 2243 m

Erstbegeher unbekannt, wahrscheinlich Jäger. Oft besuchter, der Passauer Hütte nahegelegener Gipfel im Hauptkamm. Gipfelkreuz.

● **368 Westanstieg (Normalweg),** I, 100 m, 20 Min., markiert.

Vom Hofersteig auf R 363 zum Melkerloch, durch dieses auf die Südseite und über den Grat zum Gipfel.

● **369** **Großes Rothorn,** 2442 m

Erstersteigung: Richter, Fünkh, Pöschl, 1871. Schöner markanter Gipfel, einer der schönsten in den Leoganger Steinbergen. Eine Besteigung in Verbindung mit der Gratüberschreitung von Rotnieder, R 321, über Schafspitze, Kleines und Großes Rothorn, R 369, mit Vorgipfeln, zählt zu den schönsten, abwechslungsreichsten Fahrten in den Leogangern. Der terrassenförmige Charakter ist nur an der Nordseite stark ausgeprägt.

● **370 Südostgrat (Normalweg),** I, 1½ Std.

Von der Heitzmannscharte, R 324, in Richtung Gipfel auf erst latschendurchsetztem, später schrofigem Kammrücken in Serpentinen aufsteigen zum Vorgipfel (Kreuz). Kurz absteigen und dem nun schwierigeren Grat folgen zum Hauptgipfel (I, 10 Min.; Steinmann).

● **371** **Grießener Hochbrett,** 2467 m

Erstbegehung, L. Purtscheller, 1885. Schöner Gipfel im westlichsten Teil des Hauptkammes; landschaftlich sehr reizvolle Fahrt.

● **372 Nordwestseite (Normalweg),** ¾ Std., I, markiert, landschaftlich sehr schöner Anstieg.

Vom Grießener Rotschartel, R 315, westlich etwas absteigen, über gut gestuften Fels und Bänder unterhalb des Grates in der Westflanke aufsteigen, zuletzt direkt über den Grat zum Gipfelkreuz.

Vom Kuchelhorn nach Nordosten

Alpine Auskunft

Mündliche und schriftliche Auskunftserteilung in alpinen Angelegenheiten für Wanderer, Bergsteiger und Skitouristen

➡ Deutscher Alpenverein

Montag bis Freitag von 8.30 bis 12.30 Uhr
D-8000 München 22, Praterinsel 5
Telefon (089) 29 49 40
[aus Österreich 06/089/29 49 40]
[aus Südtirol 00 49/89/29 49 40]

➡ Österreichischer Alpenverein

Montag bis Freitag von 8.30 bis 12.00
und von 14.00 bis 18.00 Uhr
derzeit im Tiroler Landesreisebüro
A-6020 Innsbruck, Bozner Platz 7
Telefon (0 52 22) 2 41 07
[aus der BR Deutschland 00 43/5222/2 41 07]
[aus Südtirol 00 43/52 52/2 41 07]

➡ Alpenverein Südtirol Sektion Bozen

Montag bis Freitag von 9 bis 12
und von 15 bis 18 Uhr
im Landesverkehrsamt für Südtirol – Auskunftsbüro
I-39100 Bozen, Waltherplatz 8
Telefon (0471) 2 18 67
[aus der BR Deutschland 00 39/471/2 18 67]
[aus Österreich 04/071/2 18 67]

Randzahlen-Verzeichnis

Die Ziffern geben die Randzahlen, nicht die Seiten an.

Achenweg 121
Achhorn 16
Adlerspoint 123
Adolarischarte 181
Alte Straße 32

Bairaupark 27
Barbarascharte 312
Barmschoß 197
Birnbachloch 123
Birnhorn 361
Birnhorngletscher 123
Bodenbauer 149
Breithorn 213
Brent 151
Brunnkopf 176
Buchensteinwand 106, 134, 152

Diesbach-Stausee 67
Dießbach-Bauer 304
Dorf Au 33
Dürrnbachhorn 13

Eberlwirt 36
Ebersbergkar 303
Ecking 124
Elferscharte 174
Embachhof 122

Fellhorn 99
Fieberbrunn 147
Fieberbrunner Tal 137
Frohnwies 63

Gerhardstein-Rundweg 65
Gerstbergalm 113
Gföllhörndl 43

Gmainkapelle, Einsiedelei 140
Grießener Hochbrett 371
Grießener Rotschartel 315
Grubhörndl 42
Gsengsteig 7

Hackerbauer 63
Hainfeldscharte 349
Handlerhof 84
Heigenhausalm 95
Heitzmannscharte 324
Hilscher Waldpark 141
Hinterhorn, Großes 215
Hirschbichl 57
Hochfilzen 129
Hochgrub 312
Hochgrubenscharte 340
Hochkranz 68
Hochkreuz 32
Hochmoos, Bad 35, 51
Hochzint 367
Hofersteig 363
Horner Mittelstation 142
Hundalm 56
Hundhorn 44
Hundstein 86

Innersbachklamm 9
Iwonskihütte 41

Jageralm 175
Josefsallee 7
Jufen 83

Kalte Quelle 6
Kalvarienberg 5, 28
Kesselleitenscharte 320
Kirchberg 96

Kitzbühler Horn 143
Kneipp Bad 37
Kniepaß, Festung 5
Krallerhof 122
Kronreit 81
Kuchelhorn 364
Kuchelnieder 337
Lamprechtsofenhöhle 66
Lechner Alm 82
Lehrbergalm 105
Leogang 119
Leoganger Rotschartel 330
Leoganger Tal 118
Liedersberg 10
Lofer 25
Loferer Alm 40
Luischenhäuschen 26

Maria Alm 80
Maria Kirchenthal 38, 52
Mayerberg 39
Melkerloch 120, 366
Metzhörndlnieder 343
Mittagsscharte 346
Mooswacht 57

Natrum 83
Niederkaser 115
Nurracher Höhenweg 166

Oberrain, Schloß 4
Ochsenboden 29
Ochsenhorn, Großes 211
Otting 124

Palfen, Einsiedelei am 74
Paß Strub 34
Passauer Hütte 301
Peter-Wiechentaler-Hütte 75
Pillersee 111
Pillerseetal 101
Pürzelbach 64

Reifhorn, Großes 205
Reifhorn, Nördliches 207
Reißensandscharte 327
Reith 21
Rettenwand, Bauernhof 151
Ritzenkarscharte 333
Ritzensee 73
Römersattel 133
Rohrmoos 81
Rothorn, Großes 369
Rotnieder 321
Rotschartel 191

Saalachpromenade 30
Saalachtal 1
Saalachtaler Höhenweg 76, 125
Saaleck, Burgruine 66
Saalfelden 72
Sattel 200
Schäferau-Kapelle 92
Schartenalm 104
Scheffsnoth 36
Schmidt-Zabierow-Hütte 156
Schreiende Brunnen 150
Schüttachgraben 155
Schwalbenwand 85
Schwarzbergklamm 11
Schwarzhäusl 151
Seisenbergklamm 62
Sinning 124
Skihörndl 209
Sonnkogel 131
Sonntagshorn 15
Spielberghorn 132
Spittal auf der Weitnau 139
Staubbachfall 8
Steinpaß 2
Steinplatte 98
Streuböden, Talstation 148
Strub, Gasthof 93
Strubtal 90

Strowollner Klamm 54
Strowollner Park 50
St. Jakob im Haus 102
St. Johann in Tirol 138
St. Martin 49
St. Ulrich 110

Talsenalm 94
Tennweg 130
Teufelsklamm 114
Teufelssteig 27
Traunschartel 194
Triftsteig 31

Ulrichshorn 217
Ulrichsnieder 184
Unken 3

Unkenberg 10

Vorderkaserklamm 55

Waidring 91
Waidringer Nieder 185
Wehrgrube, Kleine 192
Wehrgrubenjoch 188
Weißbach 61
Weißleiten 112
Wetterkreuz 14
Wiesensattel 136
Wildalm 12
Wildental 53
Wildseeloder 153

Zwölferscharte 177

Ihr Berg- und Expeditions-Ausrüster mit Weltruf

schuster

Ausrüster von über 500 Expeditionen

Rosenstraße 3-6 · 8000 München 2 · Tel. (089) 23 70 70

Für Schlechtwettertage: Humor und Unterhaltung

Karl Tiefengraber

Alpines Panoptikum

Ein gelungener Versuch von Franz Xaver Wagner, dem langjährigen Kolumnist Karl Tiefengraber in der Zeitschrift Bergwelt, Bergsteiger auf den Arm zu nehmen, sie auf satirische Gipfel zu tragen und ihnen die Aussicht von dort oben zu zeigen. Daß dabei Ähnlichkeiten mit tatsächlichen Verhältnissen sichtbar werden, ist der zunehmenden Annäherung alpiner Wirklichkeiten an satirische Übertreibung zuzuschreiben. Das Büchlein gehört in die geistige Rucksackapotheke jedes Bergsteigers!

Illustriert von Sebastian Schrank, Größe 12 × 16 cm, kartoniert.
112 Seiten. 2. Auflage 1980.

Franz Xaver Wagner / Sebastian Schrank

Alpines Alphabet

Satirische Stichworte und Zeichnungen für Bergsteiger und Skifahrer haben die Autoren des „Alpinen Panoptikums" in ihrem zweiten Bändchen zusammengestellt. Sie schufen das „Alpine Alphabet", weil es bis dato noch kein Bergbuch gab, das bei einem Gewicht unterhalb dem einer Dose Bier auch in der Höhe und ohne künstlichen Sauerstoff Denkanstöße zu geben vermochte. Das „Alpine Alphabet" wird jedem die Zeit vertreiben, der sich auf faden Gipfeln langweilt, mutterseelenallein in den leeren AV-Hütten sitzt, oder die trostlose Einsamkeit eines beliebten Klettersteigs nicht aushält...

Größe 12 × 16 cm, kartoniert, 112 Seiten, 1. Auflage 1980.

Zu beziehen durch alle Buchhandlungen

Bergverlag Rudolf Rother GmbH · München

Bücher für den Bergfreund!

Aus der Reihe der Alpinmonografien

Christof Stiebler / Paul Nigg
**Bernina –
Eisgipfel und Wanderwege über dem Engadin**
144 Seiten mit 26 Farb- und 15 Schwarzweißtafeln.
Größe 20 × 25 cm, Ganzfolienband.

Christof Stiebler
**Kaisergebirge –
leuchtender Kalkfels über lieblichen Tälern**
120 Seiten mit 26 Farb- und 24 Schwarzweißtafeln.
Größe 20 × 25 cm, Ganzfolienband.

Löbl-Schreyer / Horst Höfler
**Karwendel –
urweltliches Gebirge zwischen Bayern und Tirol**
136 Seiten mit 29 Farb- und 18 Schwarzweißtafeln.
Größe 20 × 25 cm, Ganzfolienband.

Christof Stiebler
**Wallis –
Täler und Menschen, Gipfel und Wege**
176 Seiten mit 25 Farb- und 13 Schwarzweißtafeln.
Größe 20 × 25 cm, Ganzfolienband.

Fritz Schmitt
**Wetterstein –
Täler, Grate und Wände**
192 Seiten mit 25 Farb- und 13 Schwarzweißtafeln.
Größe 20 × 25 cm, Ganzfolienband.

Zu beziehen durch alle Buchhandlungen

Bergverlag Rudolf Rother GmbH · München

Alpenvereinsführer

die Führer für den vielseitigen Bergsteiger aus den Gebirgsgruppen der **Ostalpen** und der **Dolomiten** (Arbeitsgebiete des Deutschen, Österreichischen und Südtiroler Alpenvereins), aufgebaut nach dem Grundsatz der **Einheitlichkeit** (erleichtern das Zurechtfinden) und der **Vollständigkeit** (ausführliche Beschreibung der Talschaften, Höhenwege, Klettersteige und Gipfelanstiege einer Gruppe).

Bisher liegen vor

Allgäuer Alpen – Ammergauer Alpen –
Ankogel-/Goldberggruppe – Bayerische Voralpen Ost
mit Tegernseer/Schlierseer Berge und Wendelstein –
Benediktenwandgruppe, Estergebirge und Walchenseeberge –
Berchtesgadener Alpen – Bregenzerwaldgebirge
Chiemgauer Alpen – Civettagruppe – Dachstein – Ferwall –
Glockner- und Granatspitzgruppe – Hochschwab
Kaisergebirge – Karnischer Hauptkamm – Karwendel –
Kitzbüheler Alpen – Lechtaler Alpen – Lechquellengebirge –
Niedere Tauern – Lienzer Dolomiten –
Loferer und Leoganger Steinberge – Ötztaler Alpen –
Rätikon – Rofangebirge – Samnaungruppe – Schobergruppe –
Sellagruppe – Silvretta – Stubaier Alpen – Tennengebirge –
Totes Gebirge – Venedigergruppe –
Wetterstein und Mieminger Kette – Ybbstaler Alpen –
Zillertaler Alpen – Zoldiner und Belluneser Dolomiten

Zu beziehen durch alle Buchhandlungen

Ausführliche Verzeichnisse von der

Bergverlag Rudolf Rother GmbH · München

Zum „Alpenvereinsführer", die „Alpenvereinslehrschriften des Österreichischen Alpenvereins"

Dr. A. Schneider
Wetter und Bergsteigen
Tatsachen – Erfahrungen – Beobachtungen – Vorhersage.
Richtige Wetterbeobachtung – Temperaturverhältnisse im Gebirge – Wolken als Wetterkünder – Luftdruck und seine Erscheinungsformen – Wind – Niederschlag – Typische Alpenwetterlagen – Besondere Wettergefahren. Zahlreiche ein- und mehrfarbige Abbildungen, Skizzen, Tabellen und Wetterkarten mit dazugehörigen Satellitenfotos. 4. Auflage 1980.

Albert Gayl
Lawinen
Theorie der Schnee- und Lawinenkunde (Der Schnee und seine Arten, die Schneedecke und ihr Aufbau, die Lawinen) – Anwendung auf der Tour (Erkennen der Lawinengefahr – Verhütung von Lawinenunfällen – Hilfsmaßnahmen bei Lawinenunfällen).
Zahlreiche ein- und mehrfarbige Abbildungen und Skizzen.
4. Auflage 1979.

Pit Schubert
Moderne Felstechnik
Das Wichtigste über die alpintechnische Ausrüstung – Gefahren im Fels – Anbringen von Sicherungs- und Fortbewegungsmitteln – Sicherungstheorie – Sicherungspraxis – Klettertechnik – Der Sturz im Fels – u. a.
Mit zahlreichen Abbildungen. 2. Auflage 1978.

Dr. E. Jenny
Retter im Gebirge
Alpinmedizinisches Handbuch
Bau und Lebensvorgänge des menschlichen Körpers – Lebensrettende Sofortmaßnahmen – Allgemeine Unfallhilfe – Besondere Notfälle im Gebirge – Gesundheitsschäden und Leistungsbergsteigen – Verbandlehre – Flugmedizinische Grundbegriffe.
256 Seiten. Zahlreiche Fotos und Zeichnungen. 1. Auflage 1979

Zu beziehen durch alle Buchhandlungen

Bergverlag Rudolf Rother GmbH · München

*Neu
und unentbehrlich dazu*

sind für jeden Bergsteiger
und Bergwanderer die

BV-Tourenblätter

**Jede Mappe enthält
16 Tourenblätter
mit je 8 Seiten.**

Die besonderen Vorteile: Die schönsten Bergwanderungen aus den Alpenvereinsführern mit etwa fünf Gipfelzielen pro Blatt sind erfaßt.

Ihr Rucksack wird erleichtert. Nur das Tourenblatt, das Sie brauchen, wird mitgenommen. Gewicht knapp 40 Gramm!

Führertext, 6farbige Spezialkarte 1:50000 und Übersichtskarte sind jederzeit lesbar und wetterfest verpackt.

Der neue Führerstil im Baukastensystem verhilft ihnen rasch zu einer umfassenden Information, zu einem Wandern ohne Belastung.

Mappe 1: Karwendel, Rofan, Wetterstein
Mappe 2: Kaisergebirge, Berchtesgadener Alpen
Mappe 3: Allgäuer und Lechtaler Alpen, Bregenzerwaldgebirge
Mappe 4: Rätikon, Silvretta, Ferwall, Samnaun
Mappe 5: Ötztaler und Stubaier Alpen
Mappe 6: Skihochtouren in Südtirol
Mappe 7: Zillertaler Alpen, Venediger- und Glocknergruppe
Mappe 8: Dolomiten und Südtirol östlich der Etsch
Mappe 9: Südtirol westlich der Etsch, Ortler, Brenta
Mappe 10: Bernina, Bergell, Ober- und Unter-Engadin
Mappe 11: Schweizer Berge zwischen Rhein und Reuß
Mappe 13: Schwäbische Alb
Radtourenmappe Oberbayern

Zu beziehen durch alle Buchhandlungen

Bergverlag Rudolf Rother GmbH · München

Der Bergwelt gehört die Zuneigung des Bergfreundes

WINTER BERGKAMERAD
Bergwelt

ist die vielseitige alpine Zeitschrift, die jedem Bergfreund Freude und Anregungen ins Haus bringt, um die Berge in allen Jahreszeiten zu genießen.

Die BERGWELT bietet:

- **Themenhefte, welche die Zeitschrift sammelnswert machen**
- **viele schöne Farbbilder**
- **anerkannt gute Autoren**
- **Beitragsreihen, die eine fundierte und interessante Gesamtschau gewähren**
- **Tourenbeschreibungen aller Art für Sommer und Winter**

Die BERGWELT setzt die Tradition der seit Jahrzehnten bekannten alpinen Zeitschriften DER WINTER und BERGKAMERAD fort und ist die größte deutschsprachige Bergsteigerzeitschrift.

Monatlich ein Heft, Format 22 x 28 cm, Umfang 70 bis 100 Seiten, mit vielen Farb- und Schwarzweißbildern sowie ein großes, mehrseitiges Panorama.

Das Einzelheft kostet DM 6,–, der Jahresbezugspreis für 12 Hefte einschließlich Porto beträgt **DM 58,80.**

Bitte urteilen Sie selbst und verlangen Sie gegen Einsendung von DM 2,– Probeheft von der

BERGWELT-Auslieferung, Postfach 67, 8 München 19

NOTIZEN

Rückseite beachten

✂ **Berichtigung**

(bitte im Umschlag einsenden an Bergverlag
Rudolf Rother GmbH, 8000 München 19, Postfach 67)

Die Randzahl .... des Kleinen Führers Loferer und Leoganger Steinberge, Auflage 1980, bedarf folgender Verbesserung bzw. Neufassung:

....

....

....

....

....

bitte wenden!

Absender: ....

Postleitzahl, Ort: ....

Straße: ....

Die Bergverlag Rudolf Rother GmbH ist berechtigt, diese Berichtigung dem Verfasser zur Bearbeitung der neuen Auflage zuzustellen. Der Verlag wird bei Erscheinen dieser neuen Auflage dem Einsender ein Exemplar zum Vorzugspreis mit 50 % Nachlaß anbieten.

Schmetterlinge und Falter unserer heimatlichen Berge

Bild: Josef Rehle, Werner Zepf (Alpenapollo); Text: Dr. Wolfgang Dierl

In unseren Alpen gibt es eine Anzahl von Schmetterlingsarten, von denen sich einzelne sogar noch auf kahlen Stellen in der Schneeregion finden. Viele Arten kommen auch im Flachland vor und steigen bis über die Baumgrenze empor. Andere können nur in den Tälern gefunden werden und eine weitere Gruppe, die die eigentlichen alpinen Arten umfaßt, fliegt nur von der Nadelwaldregion an aufwärts bis zu den obersten besiedelbaren Höhenstufen. Schließlich gibt es noch eine Gruppe von Faltern, die als Wanderer weit herumfliegen und gelegentlich bis in große Höhen gefunden werden können, dort aber nicht auf Dauer zu existieren vermögen. Der Bergwanderer wird hauptsächlich die Arten der Tagfalter beobachten, die die Wärme der Sonne lieben. Es gibt aber unter den sogenannten Nachtfaltern auch tagfliegende Arten, von denen einige hier aufgenommen wurden.

In den Begleittexten werden Höhenverbreitung und Lebensstätten genannt. Die römischen Ziffern bedeuten die Monate der Flugzeit (z. B. IV—X bedeutet April bis Oktober). Wenn von Überwinterung gesprochen wird, bedeutet das, daß die Falter in einem Versteck den Winter überdauern und im nächsten Frühjahr nochmals erscheinen.
(m = Männchen, w = Weibchen).

Schwalbenschwanz (Papilio machaon). Auf offenem Gelände bis 2000 m, IV—X.

Alpenapollo (Parnassius phoebus). In den Hochalpen über der Baumgrenze, VII—VIII.

Alpenkohlweißling
(Pieris bryoniae), (m). Wiesen und
Matten über 1000 m, V—VIII.

Kleiner Kohlweißling (Pieris rapae), (m).
Auf offenem Gelände bis über die
Baumgrenze, IV—X.

Zitronenfalter (Gonepteryx rhamni),
(m). Wald und Waldnähe, bis 2000 m,
VI—IX, nach Überwinterung IV—V.

Aurorafalter
(Anthocharis cardamines), (m). Wald-
ränder und Wälder bis 2000 m, V—VI.

Gelbbindiger Kernaugen-Mohrenfalter (Erebia meolans). Bergwiesen und Matten, VII—VIII.

Schachbrett (Melanargia galathea). In Paarung. Wiesen der Täler, VI—VII.

Braunauge (Lasiommata maera). Trockene Fluren in Waldnähe bis 2000 m, V—IX.

Waldbrettspiel (Pararge aegeria). Laubwälder, V—IX.

Kleines Wiesenvögelchen (Coenonympha pamphilus). Wiesen, V—IX.

Admiral (Pyrameis atalanta). Offenes Gelände, als Wanderfalter bis in große Höhen, VI—IX.

Distelfalter (Cynthia cardui). Offenes Gelände, als Wanderfalter bis in große Höhen, VI—IX.

Pfauenauge (Inachis io). Off. Gelände im Sommer bis über Baumgrenze, VII—IX, nach Überwinterung III—V.

Kleiner Fuchs (Aglais urticae).
Offenes Gelände, wandert im Sommer
bis 3000 m, IV—IX (überwinternd).

C-Falter (Polygonia c-album). Wald
u. Waldnähe, als Wanderfalter b. über
Baumgr., VI—IX, überwinternd bis V.

Veilchenscheckenfalter
(Euphydryas cynthia), (m).
Krummholz und Matten, V—VIII.

Perlmutterfalter
(Boloria pales).
Mattenregion, VII—VIII.

Veilchen-Perlmutterfalter
(Clossiana euphrosyne).
Wiesen bis 2000 m, IV—VIII.

Großer Perlmutterfalter
(Mesoacidalia aglaja). Waldwiesen
bis zur Baumgrenze, V—VIII.

Kaisermantel
(Argynnia paphia), (m).
Waldwiesen, VI—IX.

Brauner Feuerfalter
(Heodes tityrus), (w). Wiesen bis zur
montanen Stufe, IV—IX.

Heller Alpenbläuling
(Albulina orbitulus), (m). Hochalpen über der Baumgrenze, VII—VIII.

Silbergrüner Bläuling
(Lysandra coridon). Bis 2000 m auf trockenen Kalkhängen, VII—VIII.

Erdeichel-Blutströpfchen
(Zygaena filipendulae), in Paarung. Wiesen, VI—VIII.

Wegerich-Bär
(Parasemia plantaginis), (w). Wiesen im Bergland, V—VII.

Gammaeule (Autographa gamma). Als Wanderfalter weit verbreitet in offenem Gelände, V—IX.

Gelbgebänderter Flachstirnspanner (Psodos quadrifaria). Bergwälder, VII.

Gelber Fleckenspanner (Venilia macularia). Waldwiesen, V—VI.

Schwarzbindiger Blattspanner (Cidaria montanata). Wälder, V—VI.